Búsqueda y Gestión de la Información Digital. Nivel Básico

ICB Editores (Interconsulting Bureau S.L.)
C/ Flauta Mágica, 1, local 1B
P.I. Alameda 29006 – Málaga. España
Tfno: (+34) 952 28 87 67
info@icbeditores.com
www.icbeditores.com

Búsqueda y Gestión de la Información Digital. Nivel Básico

Coordinadora de la obra: María Dolores Pérez Rodríguez
Licenciada en Pedagogía por la Universidad de Málaga

1ª edición, 07/2025

ISBN: 978-84-19720-61-0

Impreso en España - *Printed in Spain*

Código: MAIC005231

C.20181023110654 - M.20250627090738

ÍNDICE

1. Búsqueda y Gestión de la Información Digital

1.1. Iniciación en la búsqueda, selección y filtro de información en herramientas digitales

1.2. Iniciación en la organización de la información y los datos con herramientas digitales

1.3. Análisis, explotación y visualización de datos con funcionalidades sencillas de las herramientas digitales

1. Búsqueda y Gestión de la Información Digital

Contenido del Módulo

1.1. Iniciación en la búsqueda, selección y filtro de información en herramientas digitales

1.2. Iniciación en la organización de la información y los datos con herramientas digitales

1.3. Análisis, explotación y visualización de datos con funcionalidades sencillas de las herramientas digitales

MÓDULO

1.1. Iniciación en la búsqueda, selección y filtro de información en herramientas digitales

Contenido de la Unidad

ICB
EDITORES

1. INTRODUCCIÓN: FUNDAMENTOS DE LA BÚSQUEDA DE INFORMACIÓN EN ENTORNOS DIGITALES

El acceso a la información ha transformado profundamente nuestra sociedad. Antes, el conocimiento estaba limitado a libros, bibliotecas y expertos. Hoy en día, internet ha democratizado el acceso al conocimiento, ofreciendo recursos ilimitados al alcance de un clic. Sin embargo, esta abundancia plantea desafíos significativos: ¿Cómo encontrar información relevante y confiable en un océano de datos? ¿Cómo distinguir los hechos de las opiniones o la información verificada de la desinformación? Estas preguntas destacan la necesidad de una formación sólida en búsqueda y gestión de información.

Los entornos digitales, como motores de búsqueda, bases de datos académicas y plataformas especializadas, son herramientas poderosas cuando se usan correctamente. Pero su efectividad depende de nuestra capacidad para comprender cómo funcionan. Por ejemplo, los motores de búsqueda como Google no simplemente muestran resultados al azar; utilizan algoritmos complejos basados en la relevancia, la popularidad y otros criterios. Entender estas dinámicas puede marcar la diferencia entre encontrar información valiosa o perder tiempo explorando datos irrelevantes.

Además, el contexto digital nos ha introducido a conceptos como el "exceso de información", conocido como infoxicación. Este fenómeno, caracterizado por una sobrecarga de datos, puede generar confusión y dificultad para tomar decisiones informadas. Por ello, aprender a filtrar y seleccionar información no solo es una habilidad útil, sino también una herramienta esencial para manejar la presión de la era digital. Saber priorizar y estructurar lo que encontramos nos permite enfocarnos en lo que realmente importa.

Otro punto relevante es la diversidad de fuentes disponibles. Desde artículos académicos y noticias hasta blogs y foros, cada tipo de contenido tiene su lugar y propósito. Sin embargo, no todas las fuentes son igual de fiables. La capacidad para evaluar la autoridad, la credibilidad y la imparcialidad de una fuente es una competencia fundamental que exploraremos en este módulo. Este análisis crítico no solo fortalece nuestras investigaciones, sino que también nos protege de caer en la desinformación.

Por último, es importante destacar que la búsqueda de información no es un fin en sí mismo, sino un proceso continuo. La habilidad para formular preguntas relevantes, reinterpretar resultados y ajustar las estrategias de búsqueda es esencial para obtener resultados óptimos. Esta flexibilidad es la clave para adaptarse a las demandas cambiantes de los entornos digitales y aprovechar al máximo las herramientas disponibles.

Además, es fundamental comprender las funciones básicas del navegador como herramienta principal de acceso a la información digital. Estas funciones incluyen:

- **Barra de direcciones:** Utilizada para ingresar URLs y realizar búsquedas directas.
- **Botones de navegación:** Ayudan a desplazarse hacia atrás, adelante o recargar páginas web.
- **Gestor de pestañas:** Permite abrir y organizar varias páginas simultáneamente.
- **Historial de navegación:** Guarda un registro de sitios visitados para facilitar el acceso posterior.
- **Modo de navegación privada:** Proporciona mayor privacidad al no almacenar datos de la sesión.

Conocer y manejar estas funciones no solo mejora la experiencia de navegación, sino que también optimiza el acceso a recursos confiables y relevantes.

A lo largo de este módulo, construiremos una base sólida para abordar estos desafíos. No se trata solo de aprender técnicas o comandos, sino de adoptar una mentalidad analítica y estratégica hacia la búsqueda de información. Este enfoque, más allá de su utilidad académica, es una habilidad que nos acompañará en cualquier aspecto de nuestra vida personal y profesional.

2. IDENTIFICACIÓN DE LAS FUNCIONES BÁSICAS DEL NAVEGADOR

El navegador es una herramienta esencial para acceder a la información en línea. Su función principal es permitir el acceso a páginas web mediante la barra de direcciones, donde los usuarios pueden introducir URLs para visitar sitios específicos. Además, esta barra incluye una función de autocompletado que sugiere resultados basándose en el historial de navegación y los marcadores guardados, facilitando el acceso rápido a los contenidos más relevantes. Los navegadores modernos también integran motores de búsqueda directamente en la barra de direcciones, permitiendo realizar consultas sin necesidad de visitar una página de búsqueda separada. Esta funcionalidad puede personalizarse, seleccionando un motor de búsqueda predeterminado como Google, Bing o DuckDuckGo, adaptándose así a las preferencias del usuario.

Otra función clave de los navegadores es la capacidad de guardar y organizar sitios web frecuentados mediante marcadores o favoritos. Estas direcciones de interés pueden categorizarse en carpetas, lo que garantiza un acceso ordenado y eficiente. Además, algunos navegadores ofrecen la opción de sincronizar estos marcadores entre diferentes dispositivos vinculados a la misma cuenta, asegurando que estén disponibles en cualquier momento y lugar. En cuanto al manejo de archivos, los navegadores permiten descargar contenido directamente desde páginas web, mostrando el progreso de las descargas en un gestor integrado. También ofrecen la posibilidad de guardar páginas web completas para su visualización sin conexión, una función útil para acceder a información importante cuando no se dispone de conexión a internet.

Un elemento adicional y esencial en los navegadores modernos es su gestor de contraseñas, que almacena de forma segura las credenciales de acceso a distintos sitios web. Este sistema no solo facilita el inicio de sesión al autocompletar los campos necesarios, sino que también puede sincronizarse entre dispositivos para mayor comodidad. Para proteger la privacidad del usuario, los navegadores emplean medidas de seguridad avanzadas, como la encriptación de datos y la autenticación adicional para acceder a las contraseñas guardadas.

Estas funcionalidades convierten al navegador en una herramienta indispensable para la navegación digital, mejorando la experiencia del usuario y optimizando el acceso a recursos en línea de manera eficiente y segura. Todas estas funciones serán abordadas con mayor detalle a lo largo del contenido, para garantizar un entendimiento profundo de sus aplicaciones y beneficios.

3. NAVEGACIÓN A TRAVÉS DE PÁGINAS WEB Y LA REALIZACIÓN DE BÚSQUEDAS

La búsqueda de información en entornos digitales requiere el conocimiento y manejo efectivo de diversas herramientas que se adaptan a distintas necesidades. Aunque muchas personas están familiarizadas con los motores de búsqueda más comunes, como Google o Bing, pocas aprovechan todo su potencial mediante funcionalidades avanzadas. Además, cuando se trata de información más especializada o académica, las bases de datos y plataformas digitales se convierten en aliados indispensables. En este apartado, exploraremos las principales herramientas disponibles y cómo sacarles el máximo partido.

3.1. Motores de búsqueda avanzados

Los motores de búsqueda son herramientas imprescindibles en la era digital. Aunque su uso básico consiste en introducir términos en una barra de búsqueda y explorar los resultados, la verdadera potencia de estas herramientas radica en sus funcionalidades avanzadas. A continuación, detallaremos las características más destacadas de los motores de búsqueda y cómo pueden aprovecharse para obtener resultados precisos y relevantes.

- **Google: Más allá de la barra de búsqueda**

  Google, como líder indiscutible entre los motores de búsqueda, cuenta con una variedad de opciones que permiten refinar y personalizar las consultas:

1. **Operadores de búsqueda:**

   - **"" (comillas):** Útil para buscar frases exactas.
     - **Ejemplo:** Si se busca información específica sobre "desarrollo sostenible", Google solo mostrará páginas que contengan esa frase exacta, no combinaciones libres de las palabras.
   - **site::** Permite buscar exclusivamente dentro de un dominio específico.
     - **Ejemplo:** Una búsqueda como site:edu inteligencia artificial arrojará resultados únicamente de sitios web con dominio .edu, normalmente asociados a instituciones académicas.
   - **filetype::** Localiza documentos de un tipo específico, como PDF, PPT o DOC.
     - **Ejemplo:** Para encontrar artículos sobre marketing en formato PDF, la consulta podría ser marketing filetype:pdf.
   - **- (guion):** Excluye términos no deseados de los resultados.
     - **Ejemplo:** Buscar inteligencia artificial -robótica devolverá información sobre inteligencia artificial, excluyendo páginas relacionadas con robótica.
   - **OR y AND:** Combinan o separan términos para personalizar las búsquedas.
     - **Ejemplo:** Una consulta como tecnología OR innovación mostrará resultados que contengan cualquiera de las dos palabras, mientras que tecnología AND innovación buscará páginas que incluyan ambas.

Búsqueda avanzada:

Google ofrece una opción específica para búsquedas avanzadas que permite:

- Filtrar por idioma, región o fecha de publicación.
- Definir palabras clave exactas o excluir términos no deseados.

⇨ Encontrar páginas relacionadas con un sitio web determinado o que enlacen a este.

Ejemplo práctico:

Imagina que un estudiante necesita artículos académicos sobre el impacto del cambio climático en América Latina. Puede usar Google Scholar con la consulta:

⇨ "cambio climático" AND "América Latina" site:edu Esto devolverá artículos académicos específicos de instituciones educativas sobre este tema.

2. **Google Scholar:**

Especializado en recursos académicos, Google Scholar es ideal para investigaciones formales.

⇨ Permite guardar artículos en bibliotecas personales.

⇨ Muestra métricas como el número de citaciones de un artículo.

⇨ Ofrece enlaces directos a textos completos (cuando están disponibles).

Ejemplo práctico: Si un estudiante busca investigaciones recientes sobre neurociencia, puede escribir en Google Scholar:

⇨ "neurociencia cognitiva" 2020..2024

Esto restringe los resultados a documentos publicados entre 2020 y 2024.

3. **Bing: Una alternativa con enfoque visual**

Aunque menos popular que Google, Bing se destaca por algunas funcionalidades únicas:

⇨ **Búsqueda visual:** Bing permite cargar una imagen para buscar información relacionada, similar a Google Lens.

Ejemplo: Si tienes una foto de un cuadro famoso, puedes cargarla en Bing para obtener información sobre el artista, la obra y su contexto histórico.

⇨ **Filtros multimedia:** Bing facilita la búsqueda de contenido específico como videos, imágenes y noticias.

Ejemplo práctico: Si buscas infografías sobre "energías renovables", puedes usar los filtros de Bing para encontrar exclusivamente imágenes relevantes.

Estrategias para búsquedas complejas

Cuando se realizan búsquedas con múltiples variables, es útil combinar las herramientas avanzadas mencionadas:

⇨ Supongamos que un investigador necesita encontrar información sobre el impacto de las redes sociales en adolescentes, específicamente en artículos recientes y en español. Una posible búsqueda en Google podría ser:

  ➤ "impacto de redes sociales en adolescentes" site:.es 2022..2024 -marketing

Esto devolverá resultados en español, publicados entre 2022 y 2024, y excluye páginas relacionadas con marketing.

Errores comunes al usar motores de búsqueda

1. **Uso de términos genéricos:**

Es frecuente introducir palabras demasiado amplias, como "historia" o "educación". Esto genera una avalancha de resultados irrelevantes. En su lugar, es mejor ser específico:

⇨ Cambiar historia por historia de la revolución industrial en Europa.

2. **No utilizar filtros:**

Ignorar las herramientas de filtrado puede significar perder tiempo navegando entre resultados no deseados. Usar opciones de fecha, idioma y región mejora la relevancia.

3. **No validar las fuentes:**

   Es importante no asumir que los primeros resultados son siempre los mejores o más confiables. Evaluar críticamente las fuentes garantiza la calidad de la información.

3.2. Bases de datos académicas

Cuando la búsqueda requiere un nivel de especialización mayor, las bases de datos académicas son la opción ideal. Estas plataformas ofrecen acceso a investigaciones, artículos científicos y otros documentos que no suelen estar disponibles en los motores de búsqueda tradicionales.

- **PubMed:** Especializada en ciencias de la salud, es una de las bases de datos más reconocidas para estudiantes y profesionales del ámbito biomédico.

Scopus®

- **Scopus y Web of Science:** Herramientas multidisciplinarias que destacan por sus amplios índices de citación, ideales para realizar revisiones bibliográficas exhaustivas.

Dialnet

- **Dialnet:** Una plataforma que centraliza recursos en español, ideal para estudiantes de humanidades y ciencias sociales.

- **ERIC:** Una base de datos centrada en temas educativos, que ofrece recursos útiles para investigaciones pedagógicas.

3.3. Recursos digitales especializados

Además de los motores de búsqueda y las bases de datos académicas, existen plataformas específicas que ofrecen recursos relevantes dependiendo del área de interés:

- **Plataformas de bibliotecas digitales:** Herramientas como JSTOR o Project MUSE permiten acceder a libros y revistas académicas, especialmente útiles para investigaciones históricas y literarias.

GitHub

- **Repositorios de código y software:** Para disciplinas técnicas, sitios como GitHub son fundamentales, proporcionando acceso a códigos fuente, proyectos y documentación colaborativa.

- **Enciclopedias digitales:** Wikipedia, aunque no considerada una fuente primaria, puede ser un punto de partida valioso para explorar conceptos básicos y obtener referencias adicionales.

3.4. Otras herramientas útiles

zotero

- **Gestores de contenido académico:** Herramientas como Mendeley, Zotero o EndNote no solo facilitan la organización de la información encontrada, sino que también ayudan a generar citas bibliográficas de forma automática.

- **Buscadores específicos de contenido multimedia:** Plataformas como Unsplash, Pixabay o YouTube ofrecen contenido gráfico y audiovisual que puede complementar investigaciones o presentaciones.

Importancia del dominio de estas herramientas

El uso eficiente de estas herramientas no solo facilita la búsqueda, sino que también permite trabajar de manera más estructurada, ahorrando tiempo y mejorando la calidad de los resultados. Al conocer las funcionalidades avanzadas de motores de búsqueda, el acceso a bases de datos específicas y el manejo de plataformas digitales, los estudiantes estarán mejor preparados para enfrentar los retos académicos y profesionales.

En este módulo, aprenderemos a utilizar estas herramientas con ejemplos prácticos y ejercicios enfocados en problemáticas reales, para garantizar que los conceptos no solo sean comprendidos, sino también aplicados en situaciones concretas.

3.5. Técnicas de búsqueda: operadores booleanos y palabras clave

La búsqueda efectiva de información en entornos digitales requiere no solo conocer las herramientas disponibles, sino también dominar técnicas que permitan optimizar los resultados. Entre estas técnicas destacan el uso de operadores booleanos, la aplicación de filtros avanzados y la selección estratégica de palabras clave. Estas habilidades no solo ahorran tiempo, sino que también garantizan una mayor precisión y relevancia en los datos obtenidos.

Operadores booleanos

Los operadores booleanos son comandos que permiten conectar palabras clave de forma lógica, especificando relaciones entre los términos para incluir, excluir o combinar conceptos. Este enfoque es especialmente útil para búsquedas complejas y específicas.

1. **Operador AND (Y):**

   ⇨ Incluye todos los términos conectados, devolviendo resultados que contengan simultáneamente cada uno de ellos.

   ⇨ **Ejemplo práctico:** Buscar marketing AND digital mostrará solo páginas que incluyan ambas palabras.

2. **Operador OR (O):**

   ⇨ Amplía los resultados incluyendo cualquiera de los términos conectados.

   ⇨ **Ejemplo práctico:** educación OR formación devolverá páginas que contengan cualquiera de estas palabras.

3. **Operador NOT (NO o -):**

   ⇨ Excluye términos no deseados de los resultados.

   ⇨ **Ejemplo práctico:** cambio climático -política eliminará las páginas relacionadas con política en el contexto de cambio climático.

4. **Combinaciones avanzadas:**

   ⇨ Es posible combinar varios operadores para búsquedas más específicas.

   ⇨ **Ejemplo práctico:** (marketing OR publicidaAND redes sociales NOT Instagram buscará información sobre marketing o publicidad en redes sociales, excluyendo cualquier mención de Instagram.

Palabras clave: La base de una búsqueda exitosa

La elección de palabras clave es el elemento central de cualquier búsqueda. Una selección adecuada no solo facilita la obtención de resultados relevantes, sino que también optimiza el proceso.

1. **Definir objetivos claros:**

   ⇨ Antes de iniciar la búsqueda, es fundamental identificar qué información se necesita. Esto guía la elección de palabras clave más precisas.

- ⇨ **Ejemplo práctico:** Si se necesita información sobre "innovación tecnológica en educación", términos como "tecnología educativa" o "herramientas digitales en el aula" serán más efectivos que búsquedas genéricas como "educación".

2. **Usar sinónimos y variaciones:**
   - ⇨ Explorar diferentes términos relacionados ayuda a diversificar los resultados.
   - ⇨ **Ejemplo práctico:** Para buscar sobre "sostenibilidad", se pueden incluir términos alternativos como "desarrollo sostenible" o "ecología".
3. **Especificidad:**
   - ⇨ Evitar términos amplios o ambiguos. Mientras más específicas sean las palabras clave, más relevantes serán los resultados.
   - ⇨ **Ejemplo práctico:** En lugar de buscar clima, una consulta como impacto del cambio climático en ciudades costeras ofrecerá resultados más útiles.
4. **Uso de preguntas:**
   - ⇨ Formular la búsqueda como una pregunta ayuda a encontrar contenido enfocado en resolver dudas.
   - ⇨ **Ejemplo práctico:** Buscar ¿cómo implementar estrategias de marketing digital? puede proporcionar recursos educativos más prácticos.

Ejemplo práctico combinado

Escenario: Un estudiante de sociología necesita información reciente sobre cómo las redes sociales influyen en los movimientos sociales.

Estrategia de búsqueda:

1. **Define palabras clave:** redes sociales, movimientos sociales, impacto, 2022.
2. **Usa operadores booleanos:** (redes sociales OR plataformas digitales) AND movimientos sociales.

3. **Aplica filtros:**

   ⇨ **Idioma:** español.

   ⇨ **Fecha:** Últimos 2 años.

   ⇨ **Tipo de documento:** Artículos académicos.

   Resultado esperado: Obtendrá artículos recientes y especializados sobre el tema, eliminando ruido informativo y fuentes irrelevantes.

Las técnicas de búsqueda son herramientas poderosas que permiten acceder a la información correcta en el momento adecuado. Aprender a usar operadores booleanos, aplicar filtros específicos y seleccionar palabras clave estratégicas no solo mejora la calidad de los resultados, sino que también transforma el proceso de búsqueda en un ejercicio más ágil y efectivo. A lo largo de este módulo, se realizarán ejercicios prácticos que permitan aplicar estas técnicas en escenarios académicos y profesionales.

4. Utilización de filtros sencillos para acotar búsquedas en los objetivos

Los filtros son herramientas esenciales para personalizar búsquedas en función de parámetros específicos. Su aplicación es especialmente útil cuando el volumen de resultados es elevado.

1. **Filtros por fecha:**

   ⇨ Permiten limitar los resultados a un rango de tiempo específico.

   ⇨ **Ejemplo práctico:** Al buscar tecnología educativa, aplicar un filtro de "últimos 12 meses" garantiza que solo se muestren contenidos recientes.

2. **Filtros por región o idioma:**

   ⇨ Aseguran que los resultados estén contextualizados para una audiencia específica.

   ⇨ **Ejemplo práctico:** En una búsqueda sobre sistemas educativos, aplicar el filtro de idioma español y región Latinoamérica proporcionará información adaptada al contexto regional.

3. **Filtros por tipo de contenido:**

⇨ Permiten localizar exclusivamente imágenes, videos, noticias o documentos.

⇨ **Ejemplo práctico:** Buscar cambio climático tipo:PDF con el filtro de documentos devolverá investigaciones o reportes completos en formato PDF.

4. **Filtros en motores especializados:**

⇨ Herramientas como Google Scholar ofrecen filtros adicionales, como citas más relevantes, publicaciones por autor o fuentes específicas.

5. Evaluación de fuentes

5.1. Criterios para valorar la fiabilidad de una fuente

La fiabilidad de una fuente es fundamental para garantizar que la información que utilizamos sea veraz, precisa y esté respaldada por evidencia sólida. En un entorno digital donde cualquiera puede publicar contenido, discernir entre lo confiable y lo cuestionable se ha convertido en una habilidad esencial. Este proceso implica analizar varios aspectos de la fuente, desde quién la produce hasta el contexto en el que se genera.

Uno de los primeros elementos a evaluar es la autoría. Saber quién está detrás de la información permite determinar su credibilidad. Los autores que poseen formación, experiencia o reconocimiento en la materia suelen ofrecer información más fiable. Por ejemplo, un artículo escrito por un investigador afiliado a una universidad de prestigio tiene mayor peso que una publicación anónima o proveniente de un autor sin credenciales claras. Identificar la autoría no solo implica revisar el nombre del autor, sino también su trayectoria profesional, trabajos previos y posibles asociaciones que puedan influir en su perspectiva.

Además de la autoría, el medio o plataforma donde se publica la información juega un papel crucial. La reputación de la fuente es un indicador clave de su fiabilidad. Las publicaciones en revistas científicas revisadas por pares, los informes de organizaciones internacionales o los artículos de medios de comunicación reconocidos suelen estar sujetos a estándares editoriales rigurosos.

En contraste, los blogs personales o sitios web poco conocidos, aunque puedan ofrecer información útil en ocasiones, suelen carecer de los mismos niveles de revisión y supervisión. Por lo tanto, siempre es recomendable priorizar fuentes con un historial establecido de calidad y rigor.

La transparencia en el uso de referencias y citas es otro factor determinante. Una fuente confiable respalda sus afirmaciones con datos, estudios o referencias verificables. Las publicaciones que incluyen citas claras y enlazan a investigaciones originales permiten al lector rastrear la información hasta su origen. Este aspecto también es útil para comprobar si los datos presentados han sido interpretados correctamente o si han sido manipulados para apoyar un punto de vista particular. La ausencia de referencias debería encender una alerta, ya que podría indicar que el contenido no tiene un respaldo sólido.

Por último, es crucial considerar la objetividad de la información. Aunque todas las fuentes pueden tener algún grado de sesgo, una fuente confiable presentará los datos de forma equilibrada y sin intenciones evidentes de influir en la opinión del lector. La presencia de un lenguaje excesivamente emotivo, argumentos unilaterales o datos seleccionados de manera parcial para reforzar una posición puede ser un indicador de que la fuente no es imparcial. Evaluar la intención detrás de la publicación y buscar si existen posibles conflictos de interés, como patrocinios o afiliaciones, ayuda a identificar posibles sesgos.

Valorar la fiabilidad de una fuente es un proceso crítico que requiere atención al autor, el medio, las referencias y la imparcialidad del contenido. Adoptar una actitud analítica y crítica frente a lo que consumimos en línea no solo mejora la calidad de nuestras investigaciones, sino que también nos protege frente a la desinformación. Esta práctica debe convertirse en un hábito continuo en el uso de la información digital.

5.2. Criterios para valorar la actualidad de una fuente

La actualidad de una fuente es un factor clave, especialmente en campos donde los conocimientos avanzan rápidamente, como la tecnología, la medicina o la economía. Utilizar información desactualizada puede llevar a interpretaciones erróneas o decisiones inadecuadas, lo que resalta la importancia de evaluar cuándo se generó el contenido y si sigue siendo relevante en el presente. Este proceso no siempre es sencillo, ya que la necesidad de actualidad varía según el contexto y el propósito de la búsqueda.

El punto de partida para valorar la actualidad de una fuente es identificar su fecha de publicación o actualización. Muchas páginas web, artículos académicos y documentos incluyen este dato de manera visible, pero en ocasiones puede estar ausente o ser difícil de localizar. En estos casos, es importante indagar en los detalles del contenido: referencias internas a eventos recientes, menciones a datos o tecnologías contemporáneas, o incluso el diseño visual del sitio pueden ofrecer pistas sobre su antigüedad. Siempre que sea posible, es preferible utilizar fuentes que incluyan fechas claras y verificables, especialmente en temas donde los cambios son constantes.

Otro aspecto fundamental es analizar el contexto temporal de la información. No toda la información tiene una "fecha de caducidad". Por ejemplo, un artículo sobre las leyes de Newton en física es atemporal, mientras que un análisis de las tendencias económicas de un país debe ser actual para ser relevante. Este criterio es especialmente útil en disciplinas históricas o literarias, donde las fuentes antiguas pueden aportar un valor único siempre que se contextualicen correctamente. En estos casos, la antigüedad de la fuente no la descalifica, pero es importante complementarla con perspectivas más recientes que confirmen o amplíen su contenido.

La permanencia o durabilidad de los datos también debe ser considerada. Algunas fuentes contienen información que se mantiene relevante a lo largo del tiempo, mientras que otras se vuelven obsoletas rápidamente. Por ejemplo, un informe sobre la estructura básica de una organización internacional puede seguir siendo válido años después de su publicación, pero un artículo sobre sus políticas actuales podría requerir una revisión constante. Evaluar si los datos presentados son susceptibles a cambios es una habilidad importante para determinar su utilidad en el contexto actual.

Además, es crucial considerar la frecuencia de actualización de la fuente, especialmente en medios en línea. Los sitios web confiables, como los de organismos oficiales o medios reconocidos, suelen tener una política de actualización regular que garantiza que la información refleje los desarrollos más recientes. Por otro lado, si una fuente no se ha actualizado durante años, es posible que contenga errores o que su contenido ya no sea relevante. En el caso de bases de datos académicas o artículos científicos, la periodicidad de las publicaciones es un indicador de la vigencia de la información.

Un ejemplo práctico de la importancia de la actualidad podría encontrarse en el ámbito de la tecnología. Imaginemos que un estudiante está investigando sobre las tendencias de inteligencia artificial (IA). Si utiliza un artículo de 2017, es probable que este no incluya avances recientes, como el desarrollo de modelos de lenguaje más avanzados o las regulaciones más recientes en este campo. En este caso, buscar artículos publicados en los últimos dos o tres años garantizará un enfoque más completo y actualizado.

Valorar la actualidad de una fuente implica considerar su fecha de publicación, su contexto temporal, la durabilidad de la información que presenta y su frecuencia de actualización. Este análisis no solo asegura que los datos sean relevantes, sino que también ayuda a construir argumentos sólidos basados en información pertinente.

Adoptar este criterio como una práctica habitual permite navegar mejor en un entorno digital en constante evolución, donde la rapidez del cambio puede convertir en obsoleta incluso la información más precisa.

5.3. Criterios para valorar la relevancia de la información

La relevancia de la información es uno de los pilares fundamentales para llevar a cabo una búsqueda eficiente y útil. No basta con que una fuente sea fiable y actual; también es necesario que la información que contiene esté alineada con el propósito y las necesidades específicas del usuario. La evaluación de la relevancia implica analizar si los datos son aplicables al contexto, responden a la pregunta planteada y ofrecen un nivel adecuado de detalle para el objetivo establecido. Este proceso requiere una combinación de criterio, claridad en los objetivos y una lectura crítica del contenido disponible.

Evaluación de la Relevancia de la Información

Alta Aplicabilidad

Artículo general sobre energías renovables

Artículo técnico sobre rendimiento de paneles solares

Baja Pertinencia

Alta Pertinencia

Food

Artículo sobre marketing en redes sociales

Estudio de caso local sobre impacto de redes sociales en educación

Baja Aplicabilidad

Uno de los primeros pasos para valorar la relevancia es determinar si la información es pertinente al tema o problema que se está investigando. Esto implica analizar si el contenido aborda directamente la pregunta o necesidad planteada. Por ejemplo, si un estudiante está investigando sobre "el impacto de las redes sociales en el aprendizaje de adolescentes", un artículo que explore únicamente las redes sociales como herramienta de marketing, aunque interesante, no sería relevante para este caso. La pertinencia depende de una comprensión clara de los objetivos de la búsqueda y de una lectura cuidadosa de los títulos, resúmenes o introducciones de las fuentes.

Otro aspecto clave es el nivel de detalle y profundidad de la información. Dependiendo del propósito de la búsqueda, es posible que se necesite un enfoque general o una perspectiva altamente especializada. Por ejemplo, un estudiante que busca una introducción al tema de "energías renovables" puede beneficiarse de un artículo de divulgación general, mientras que un investigador que analiza el rendimiento de los paneles solares necesitará estudios técnicos más detallados. Valorar este nivel de detalle implica reconocer la diferencia entre información superficial, adecuada para un primer acercamiento, y datos especializados, necesarios para investigaciones más avanzadas.

Además, es importante considerar la audiencia objetivo para la cual fue creada la fuente. Las publicaciones varían en su enfoque dependiendo del público al que están dirigidas. Un informe técnico dirigido a ingenieros puede ser demasiado complejo para un lector general, mientras que un artículo de divulgación puede no proporcionar suficiente información para una investigación académica. Identificar si la fuente está diseñada para expertos, estudiantes o el público en general ayuda a determinar su utilidad en un contexto específico.

Otro criterio a tener en cuenta es la estructura y organización de la información. La relevancia también se manifiesta en la manera en que los datos están presentados. Una fuente bien organizada, con ideas claramente expuestas y una estructura lógica, facilita la comprensión y la aplicación del contenido. Por ejemplo, un artículo que incluye secciones definidas, encabezados claros y resúmenes de los puntos principales será más útil que uno que presente los datos de manera desordenada o redundante.

Por último, es esencial evaluar si la información tiene aplicabilidad en el contexto específico del lector. Esto implica preguntarse si los datos pueden ser utilizados directamente para resolver un problema, argumentar un punto o responder a una pregunta. Por ejemplo, en el ámbito académico, un estudio que explore datos de un país diferente puede ser menos relevante si no se puede extrapolar su contenido al contexto local.

La relevancia de la información requiere un análisis profundo de su pertinencia, nivel de detalle, audiencia objetivo, organización y aplicabilidad. Este criterio no solo garantiza que el tiempo dedicado a la búsqueda sea productivo, sino que también asegura que los datos seleccionados sean útiles y adecuados para el propósito final.

Adoptar esta práctica mejora la calidad de cualquier trabajo académico o profesional y permite tomar decisiones más informadas basadas en datos significativos.

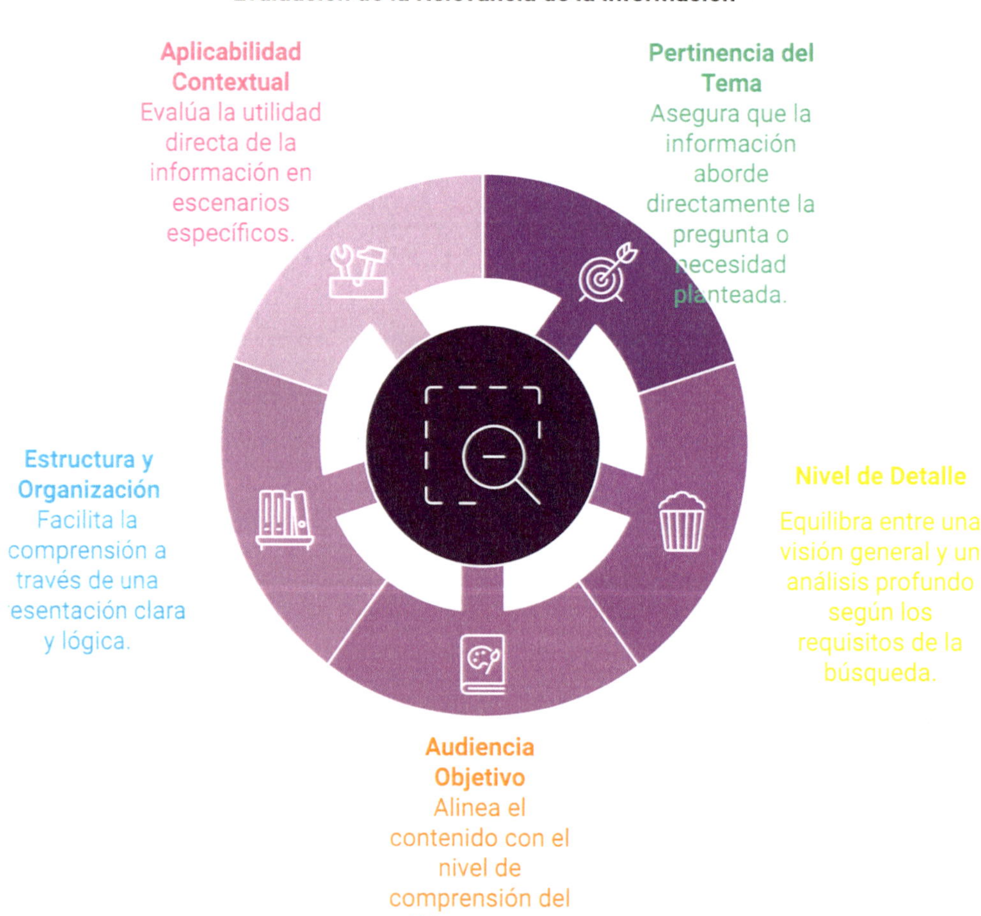

6. Navegación dentro de una plataforma virtual de aprendizaje. Herramientas para evaluar las fuentes

En un entorno digital saturado de información, contar con herramientas que ayuden a evaluar la calidad y la credibilidad de las fuentes se ha vuelto indispensable. Estas herramientas permiten aplicar criterios objetivos para determinar si una fuente es fiable, actual y relevante. Ya sea a través de metodologías estructuradas, plataformas de verificación o estrategias de análisis, estas herramientas son fundamentales para desarrollar un pensamiento crítico y filtrar información de manera efectiva.

Navegar dentro de una plataforma virtual de aprendizaje también requiere habilidades para identificar y evaluar información pertinente. Estas plataformas, diseñadas para facilitar el acceso a contenidos educativos, permiten a los usuarios interactuar con materiales didácticos, participar en foros y realizar actividades en un entorno estructurado. A la hora de evaluar el contenido dentro de estas plataformas, es esencial considerar aspectos como la autoridad de los autores o instituciones que publican los recursos, la actualidad del material ofrecido y la relevancia de las actividades propuestas en función de los objetivos de aprendizaje.

Checklists de evaluación

Las checklists, o listas de verificación, son métodos estructurados que ayudan a analizar diferentes aspectos de una fuente. Entre las más reconocidas se encuentra el CRAAP Test, diseñado para evaluar cinco aspectos clave:

1. **Currency (Actualidad):** Evalúa si la información está actualizada o es relevante para el momento actual.
2. **Relevance (Relevancia):** Determina si la fuente se ajusta al tema o propósito de la búsqueda.
3. **Authority (Autoridad):** Analiza quién es el autor o editor y si cuenta con credenciales confiables.
4. **Accuracy (Precisión):** Valora si los datos son respaldados por evidencia o fuentes verificables.
5. **Purpose (Propósito):** Identifica la intención detrás de la publicación, considerando posibles sesgos.

El CRAAP Test es fácil de usar y adaptable a diferentes contextos, lo que lo convierte en una herramienta práctica tanto para estudiantes como para profesionales. Aplicarlo a una fuente implica responder preguntas simples relacionadas con cada uno de estos aspectos, lo que ofrece una visión integral de su calidad.

Plataformas de verificación de información

En la era de la desinformación, las plataformas de verificación se han consolidado como herramientas esenciales para comprobar la veracidad de afirmaciones, datos y noticias. Estas plataformas son gestionadas por expertos que analizan contenido controvertido o viral, aportando evidencia que confirma o refuta su validez.

- **FactCheck.org:** Centrada en temas políticos y sociales, esta plataforma revisa declaraciones y datos para determinar su precisión.

- **Snopes:** Popular por desmentir rumores, mitos urbanos y noticias falsas, es ideal para verificar contenido que circula ampliamente en redes sociales.

- **Media Bias/Fact Check:** Evalúa la credibilidad y los sesgos ideológicos de diferentes medios de comunicación, ayudando a identificar posibles influencias en la presentación de la información.

Estas plataformas no solo permiten comprobar la veracidad de una fuente, sino que también ofrecen explicaciones detalladas sobre por qué un dato es correcto o incorrecto, fomentando un análisis crítico.

Buscadores especializados y bases de datos académicas

Los buscadores y bases de datos académicas, como Google Scholar, Scopus o PubMed, están diseñados para ofrecer contenido de alta calidad respaldado por procesos de revisión rigurosos.

Estas herramientas no solo proporcionan acceso a publicaciones académicas, sino que también incluyen métricas y filtros que facilitan la evaluación de las fuentes.

Por ejemplo:

- **Google Scholar:** muestra el número de veces que un artículo ha sido citado, lo cual es un indicador de su impacto en la comunidad académica.

Scopus®

- **Scopus:** ofrece un índice de citación que permite identificar investigaciones influyentes en un campo específico.

- **PubMed:** garantiza que los artículos publicados cumplen con estándares científicos altos, especialmente en áreas relacionadas con la medicina y la biología.

Utilizar estas plataformas reduce significativamente el riesgo de trabajar con información poco confiable, ya que las publicaciones disponibles han sido revisadas por expertos.

Análisis cruzado de fuentes

El análisis cruzado consiste en comparar la información encontrada en una fuente con otras fuentes confiables. Este enfoque es particularmente útil para identificar inconsistencias o confirmar datos críticos.

Por ejemplo:

Si un informe afirma que un país ha adoptado una nueva política ambiental, buscar esta información en sitios oficiales del gobierno, publicaciones reconocidas y medios internacionales confiables ayudará a confirmar su veracidad. Además, el análisis cruzado permite identificar posibles sesgos, ya que diferentes medios pueden abordar un mismo tema desde perspectivas distintas.

Extensiones y herramientas digitales

En el ámbito digital, existen extensiones y herramientas que facilitan la evaluación de fuentes directamente en línea:

- **NewsGuard:** Una extensión del navegador que analiza la credibilidad de los sitios web de noticias, proporcionando puntuaciones basadas en criterios como transparencia, imparcialidad y calidad editorial.
- **Hoaxy:** Una plataforma que rastrea la difusión de noticias falsas en redes sociales, mostrando gráficamente cómo se propagan los rumores.
- **Checkology:** Diseñada para educar a los usuarios en habilidades de verificación, esta herramienta interactiva ofrece ejercicios prácticos para analizar la calidad de las fuentes.

Estas herramientas digitales son ideales para quienes trabajan regularmente con contenido en línea y necesitan verificar rápidamente la calidad de las fuentes.

Citas y referencias internas

La evaluación de las citas incluidas en una fuente es una herramienta clave para valorar su solidez. Una fuente confiable suele basarse en investigaciones previas, citando estudios relevantes y proporcionando enlaces o referencias completas. Revisar estas citas permite verificar si el contenido está respaldado por datos verificables o si, por el contrario, las afirmaciones se basan en opiniones sin fundamento.

Por ejemplo, un artículo que menciona datos estadísticos sin incluir referencias claras podría ser menos confiable que uno que enlace a la publicación original donde se obtuvieron los datos.

Contar con herramientas para evaluar fuentes no solo facilita el acceso a información fiable, sino que también fomenta el desarrollo de habilidades críticas esenciales para navegar en un entorno digital complejo. Desde listas de verificación estructuradas como el CRAAP Test, hasta plataformas de verificación y herramientas digitales avanzadas, estas estrategias permiten garantizar que las decisiones y argumentos se basen en datos sólidos y bien fundamentados.

Adoptar estas herramientas como parte del proceso de búsqueda es clave para abordar de manera responsable el acceso y uso de la información en la era digital.

6.1. Ejemplo práctico para aplicar los criterios

Evaluar la fiabilidad, la actualidad y la relevancia de una fuente en la práctica es un proceso integral que combina varias herramientas y criterios. Este ejemplo práctico ilustra cómo un estudiante puede aplicar estas habilidades al investigar un tema académico o profesional.

Escenario

Un estudiante universitario debe desarrollar un trabajo sobre el tema: "El impacto de las redes sociales en la salud mental de los adolescentes". Para ello, necesita seleccionar fuentes fiables, actualizadas y relevantes que respalden su investigación.

Paso 1: Búsqueda inicial de fuentes

El estudiante realiza una búsqueda en Google Scholar y en un motor de búsqueda general como Google. Introduce palabras clave como:

⇨ "redes sociales AND salud mental AND adolescentes"

⇨ impacto emocional de Instagram site:.edu

⇨ "social media" AND "mental health" AND "teenagers" 2020.2024.

Esta búsqueda arroja resultados diversos: artículos académicos, informes de organizaciones internacionales, publicaciones de blogs personales y noticias de portales populares.

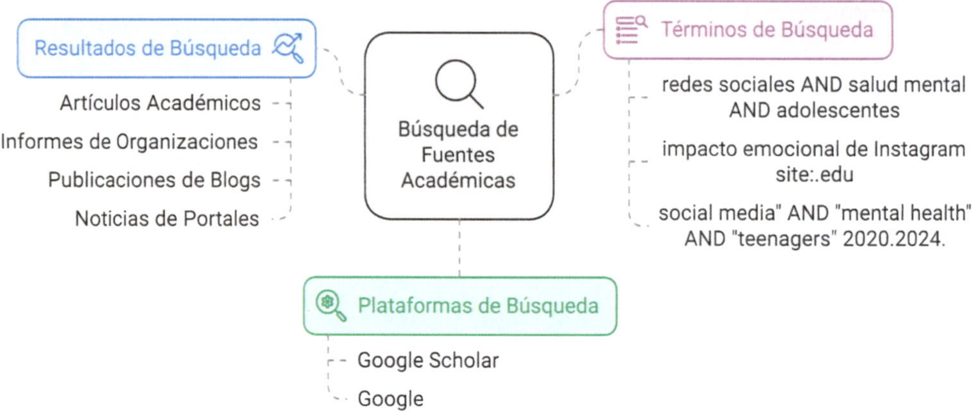

Paso 2: Aplicación del criterio de fiabilidad

⇨ **Evaluación de autoría:**

El estudiante selecciona un artículo titulado "Social Media and Adolescent Mental Health: A Systematic Review"publicado en una revista académica revisada por pares. El artículo está firmado por un equipo de investigadores de una universidad reconocida. Al contrastar esto con un blog personal sin información del autor, prioriza el primero por la autoridad de los autores y el respaldo institucional.

⇨ **Publicación o plataforma:**

Identifica que el artículo está alojado en PubMed, una base de datos académica especializada en temas de salud. Esto asegura que ha pasado por procesos rigurosos de revisión.

⇨ **Referencias y citas:**

Revisa las referencias del artículo y encuentra que incluye estudios recientes y relevantes. Además, puede rastrear las fuentes citadas para profundizar en los temas tratados.

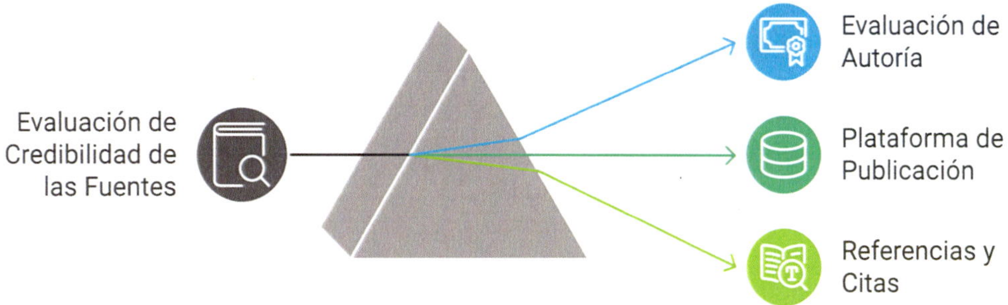

Paso 3: Aplicación del criterio de actualidad

⇨ **Fecha de publicación:**

Entre las fuentes seleccionadas, el artículo académico fue publicado en 2021, mientras que un informe de una organización internacional tiene fecha de 2015. Dado que las redes sociales evolucionan rápidamente, prioriza la fuente más reciente para reflejar la situación actual.

⇨ Permanencia de la in**formación:**

Aunque el informe de 2015 incluye datos interesantes, el estudiante decide complementarlo con el artículo de 2021 para incorporar perspectivas actuales. Esto le permite comparar cambios en el impacto de las redes sociales en los últimos años.

⇨ **Frecuencia de actualización:**

Descubre que el informe de 2015 pertenece a una organización que publica ediciones periódicas. Encuentra la versión más reciente de 2020, lo que mejora la actualidad del contenido.

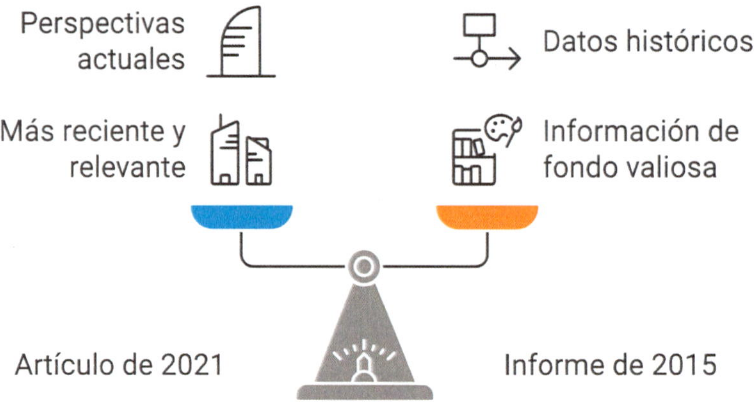

Equilibrando Actualidad y Contexto en las Fuentes

Paso 4: Aplicación del criterio de relevancia

⇨ **Pertinencia al tema:**

El estudiante evalúa si cada fuente aborda específicamente la relación entre redes sociales y salud mental en adolescentes. Un artículo que analiza el impacto de las redes sociales en adultos no resulta directamente aplicable, por lo que lo descarta.

⇨ **Nivel de detalle:**

Entre las fuentes seleccionadas, prioriza aquellas que ofrecen datos concretos, como porcentajes de adolescentes afectados o estudios longitudinales, en lugar de opiniones generales.

⇨ **Audiencia objetivo:**

Elige un informe dirigido a educadores y profesionales de la salud mental, ya que incluye recomendaciones prácticas, frente a un artículo dirigido al público general con menos profundidad en el análisis.

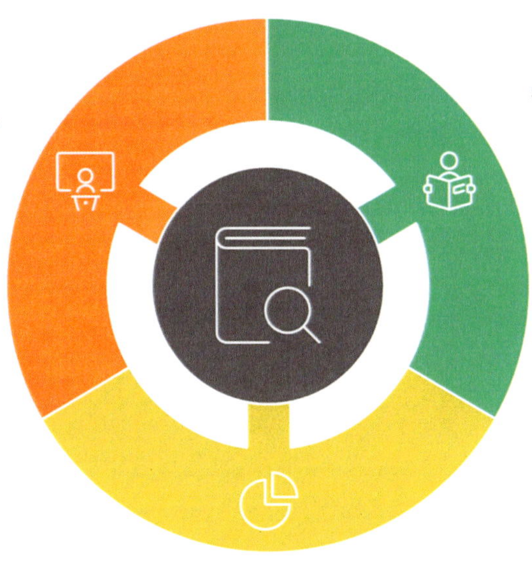

Resultados de la evaluación

Después de aplicar estos criterios, el estudiante selecciona las siguientes fuentes:

1. Un artículo académico de 2021 publicado en PubMed, respaldado por un equipo de investigadores reconocidos.

2. Un informe actualizado de 2020 de la Organización Mundial de la Salud, que analiza los efectos de las redes sociales en la juventud.

3. Un artículo de divulgación de un medio reconocido, que incluye entrevistas con psicólogos y casos prácticos recientes, complementando los datos cuantitativos con perspectivas cualitativas.

El estudiante concluye que aplicar estos criterios le permitió identificar fuentes que no solo son confiables, sino también relevantes y actualizadas.

Como resultado, construye un trabajo sólido y bien fundamentado, basado en información verificable y adecuada al objetivo académico. Además, comprende que este enfoque es adaptable a cualquier tema de investigación, lo que mejora sus habilidades de búsqueda y análisis para futuros proyectos.

Ampliando las Dimensiones de la Investigación Académica

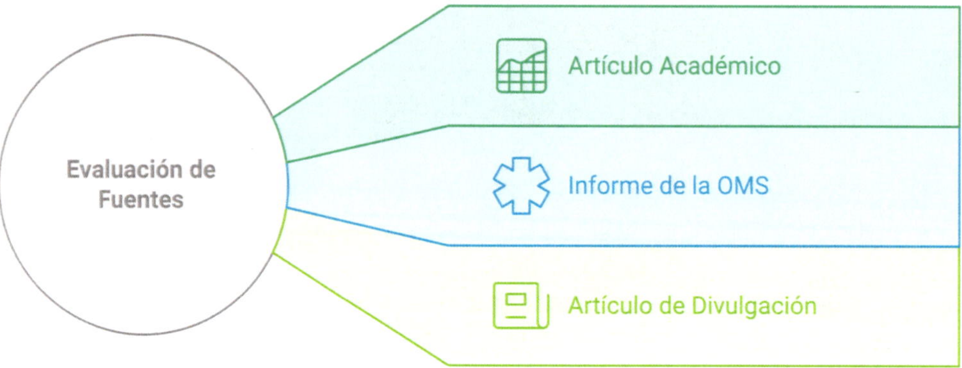

RESUMEN

Este módulo aborda las principales herramientas digitales para el análisis de datos y su manejo básico, centrándose en Microsoft Excel, Google Sheets y Google Data Studio. Se exploran sus funciones esenciales, aplicaciones prácticas y las habilidades necesarias para utilizarlas eficazmente. Además, se presentan herramientas complementarias y el manejo básico de bases de datos, proporcionando una perspectiva completa para el análisis de datos en entornos personales, educativos o empresariales.

Microsoft Excel: Reconocida por su versatilidad, Excel ofrece funciones básicas y avanzadas como SUM, AVERAGE y VLOOKUP, junto con herramientas de análisis como tablas dinámicas y gráficos. Estas características permiten realizar cálculos, resumir datos y presentar información visualmente, siendo ideal para análisis autónomos y complejos. También destaca por su capacidad para automatizar procesos mediante referencias y fórmulas.

Google Sheets: Destaca por su capacidad de colaboración en tiempo real, permitiendo que múltiples usuarios trabajen simultáneamente en un mismo archivo. Su integración con otras herramientas de Google facilita el análisis, almacenamiento y presentación de datos. Incluye funciones exclusivas como IMPORTRANGE y GOOGLEFINANCE, y su enfoque en la conectividad lo hace ideal para equipos distribuidos o proyectos colaborativos.

Google Data Studio: Diseñado para la visualización avanzada, permite crear dashboards dinámicos e interactivos conectando múltiples fuentes de datos, como Google Analytics y bases SQL. Ofrece herramientas de personalización para informes, incluyendo gráficos interactivos, filtros dinámicos y campos calculados, lo que lo convierte en una solución robusta para presentar resultados de análisis de manera profesional.

Herramientas complementarias: Además de las herramientas principales, se destacan alternativas como LibreOffice Calc, Airtable y Tableau, que ofrecen soluciones específicas para diferentes necesidades. Las bases de datos como MySQL y PostgreSQL proporcionan capacidad para gestionar grandes volúmenes de información con precisión y eficiencia.

Manejo básico de bases de datos: Se explican los conceptos esenciales para trabajar con bases de datos: edición de entradas, búsqueda por parámetros específicos y creación de nuevos campos. Estas habilidades son fundamentales para garantizar que la información almacenada sea precisa, útil y estructurada, permitiendo un análisis confiable.

Conceptos clave de preparación y estructuración de datos: El manejo adecuado de los formatos básicos (texto, números y fechas) y la correcta organización de los datos (ordenación y clasificación) son pasos críticos para evitar errores y garantizar la eficacia del análisis. Estas prácticas sientan las bases para aplicar fórmulas y crear visualizaciones significativas.

En conjunto, este contenido ofrece un enfoque integral para que el alumno desarrolle competencias en la gestión y análisis de datos, comprendiendo no solo el funcionamiento técnico de las herramientas, sino también su aplicación práctica en diversos escenarios.

MÓDULO

1.2. Iniciación en la organización de la información y los datos con herramientas digitales

Contenido de la Unidad

- Conceptos clave
- Herramientas para organizar y clasificar información
- Manejo básico del almacenamiento de la información en ficheros
- Clasificación de datos en función de los objetivos utilizando una hoja de cálculo, una base de datos o una aplicación específica
- Identificación y análisis de funciones básicas de los diferentes sistemas de almacenamiento. Seguridad de datos.
- Resumen

ICB
EDITORES

1. Conceptos clave

La gestión de información y datos en un entorno digital es una práctica esencial en la era actual, caracterizada por la constante generación de grandes volúmenes de datos provenientes de diversas fuentes, como dispositivos electrónicos, plataformas digitales y herramientas en línea. Este proceso consiste en organizar, almacenar y utilizar la información de manera eficiente para facilitar su acceso y garantizar su utilidad en distintos contextos.

En el ámbito personal, una buena gestión de datos ayuda a mantener el orden en archivos y documentos digitales, lo que permite ahorrar tiempo y evitar la pérdida de información importante. En el ámbito académico, resulta indispensable para organizar materiales de estudio, referencias y proyectos, optimizando el proceso de aprendizaje. Por su parte, en el entorno laboral, una adecuada gestión de la información puede marcar la diferencia entre el éxito y el fracaso, ya que permite a las organizaciones tomar decisiones fundamentadas basadas en datos organizados y fiables.

Adoptar buenas prácticas en la gestión de información y datos no solo mejora la productividad, sino que también minimiza riesgos asociados a la duplicidad, pérdida de información o accesos no autorizados. Por ello, entender los fundamentos de este proceso es clave para aprovechar al máximo las herramientas digitales disponibles y adaptarse a las exigencias del entorno digital actual.

Diferencia entre información y datos

En un entorno digital donde cada día se generan enormes cantidades de datos, es crucial entender qué son realmente los datos y cómo se transforman en información. Aunque ambos términos suelen usarse indistintamente, representan conceptos diferentes y complementarios.

Los datos son elementos básicos: hechos, cifras, valores o registros que, por sí solos, no tienen un significado claro. Imagina, por ejemplo, una hoja llena de números dispersos, palabras sueltas o coordenadas geográficas. Estos datos están ahí, pero no dicen nada por sí mismos. Son piezas de un rompecabezas que aún no ha sido ensamblado.

Por otro lado, la información es el resultado de organizar y dar sentido a esos datos. Cuando conectamos las piezas y las contextualizamos, el caos de los datos se transforma en algo útil y comprensible. Por ejemplo, un conjunto de números puede convertirse en un gráfico que muestra la evolución de las ventas de una empresa; una serie de palabras puede formar una descripción detallada de un producto. La información, entonces, no solo es más clara, sino que también nos ayuda a tomar decisiones o comprender un fenómeno.

Para ilustrarlo, pensemos en un ejemplo cotidiano. Supongamos que estás organizando una fiesta. Los datos serían una lista de nombres, números de teléfono y fechas. Por sí solos, estos elementos no te dicen mucho. Sin embargo, al organizarlos y darles contexto, como al vincular un nombre con un número de teléfono o una fecha, creas información: "María estará disponible el sábado por la tarde y se puede contactar al 123-456-789". Ahora tienes algo útil y práctico para gestionar los preparativos.

La diferencia radica, entonces, en el nivel de procesamiento. Los datos son los bloques iniciales, mientras que la información es el resultado de ensamblarlos de forma significativa. En este sentido, la gestión de datos es el primer paso hacia la creación de información, y con ello, hacia el conocimiento.

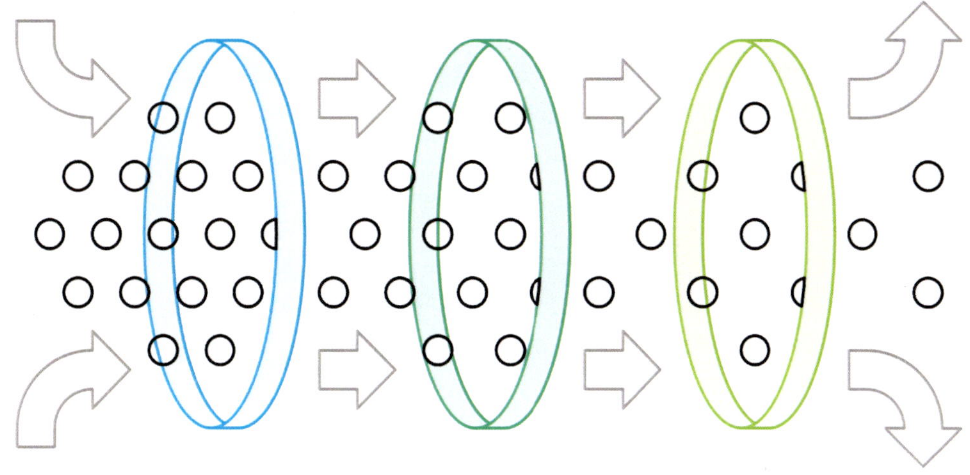

Entender esta distinción es fundamental, especialmente en un mundo digital donde el volumen de datos crece constantemente. Saber cómo convertir datos en información no solo es útil, sino necesario para tomar decisiones acertadas y navegar eficazmente en la complejidad del entorno digital.

1.1. Ciclo básico de la gestión de datos

Recopilación y almacenamiento.

La gestión de datos comienza con dos procesos fundamentales: su recopilación y almacenamiento. Estas etapas iniciales son esenciales, ya que de la calidad de los datos recogidos y de la manera en que se guardan depende la eficacia de todo el ciclo.

- Recopilación de datos

  La recopilación de datos consiste en obtener información desde diferentes fuentes, tanto digitales como físicas, con el propósito de emplearla en un contexto específico. En el mundo digital actual, los datos pueden proceder de múltiples orígenes: formularios en línea, registros financieros, sensores de dispositivos IoT, redes sociales o bases de datos externas, entre otros. El objetivo de esta etapa es reunir los datos necesarios y asegurarse de que sean precisos, relevantes y libres de errores significativos.

  Un punto importante en este proceso es diferenciar entre datos estructurados y no estructurados. Los datos estructurados, como los contenidos en hojas de cálculo o bases de datos, están organizados en un formato claro y legible para las máquinas. Por el contrario, los datos no estructurados, como correos electrónicos, imágenes o publicaciones en redes sociales, requieren más trabajo para procesarse y ser útiles.

  Además, la recopilación debe realizarse de forma ética y cumpliendo con las normativas de privacidad. Por ejemplo, al recolectar datos de clientes, es necesario contar con su consentimiento y garantizar que se utilicen únicamente para los fines especificados.

- Almacenamiento de datos

  El almacenamiento de datos es la etapa donde se guardan los datos recopilados para su posterior uso. En esta fase, es fundamental elegir un sistema o plataforma que permita acceder a los datos de manera sencilla y segura. Existen múltiples opciones para almacenar información digital, entre ellas:

1. **Dispositivos locales:** discos duros, unidades USB o servidores físicos. Son útiles para datos que no requieren acceso frecuente en línea, pero pueden ser vulnerables si no se realizan copias de seguridad periódicas.

2. **Nubes digitales:** plataformas como Google Drive, Dropbox o servicios específicos para empresas como Amazon Web Services o Microsoft Azure. Estas opciones ofrecen escalabilidad, acceso remoto y medidas avanzadas de seguridad.

3. **Bases de datos estructuradas:** herramientas como MySQL o PostgreSQL, ideales para almacenar grandes cantidades de datos estructurados y facilitar su consulta.

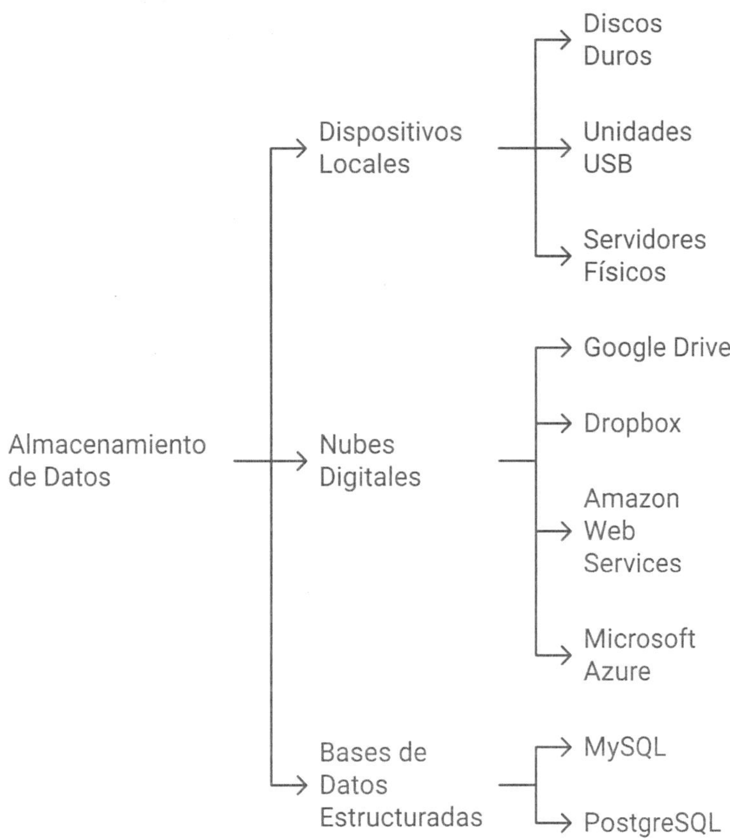

El almacenamiento eficiente también implica tomar decisiones sobre el formato de los datos. Por ejemplo, un documento de texto puede guardarse como un archivo PDF para garantizar que no se modifique, o como un archivo de Word para permitir su edición.

Asimismo, los datos deben clasificarse mediante nombres claros y carpetas organizadas para facilitar su localización.

Por último, es crucial tener en cuenta la seguridad de los datos almacenados. Esto incluye establecer contraseñas robustas, cifrar los datos sensibles y realizar copias de seguridad regulares para evitar pérdidas por fallos técnicos o ataques cibernéticos.

La recopilación y el almacenamiento de datos son los cimientos de una buena gestión. Si estos pasos se realizan de forma desordenada o negligente, las etapas posteriores del ciclo se verán afectadas. Por ello, invertir tiempo en garantizar la calidad de los datos recopilados y su almacenamiento seguro y organizado es una práctica que siempre dará resultados positivos.

Organización y procesamiento.

Una vez que los datos han sido recopilados y almacenados, el siguiente paso en el ciclo básico de su gestión es organizarlos y procesarlos. Estas etapas son esenciales para convertir los datos en información útil y accesible, lo que facilita su uso en distintos contextos.

- Organización de datos

  La organización de los datos implica estructurarlos de manera lógica y coherente, asegurando que sean fáciles de localizar, interpretar y gestionar. Este proceso es especialmente importante cuando trabajamos con grandes volúmenes de información o con datos provenientes de múltiples fuentes.

Algunos métodos comunes para organizar datos incluyen:

1. **Uso de carpetas y subcarpetas:** Crear jerarquías de carpetas con nombres claros y específicos permite clasificar los datos según su tipo, propósito o proyecto. Por ejemplo, en un entorno laboral, se pueden usar carpetas como "Clientes", "Proyectos en curso" y "Documentación legal".

2. **Etiquetas y metadatos:** Muchas herramientas digitales, como Evernote o Google Drive, permiten añadir etiquetas o descriptores a los archivos. Estas etiquetas ayudan a identificar y buscar archivos relacionados de forma más rápida, incluso si están en diferentes ubicaciones.

3. **Estandarización de nombres y formatos:** Dar a los archivos y datos nombres consistentes y descriptivos facilita su identificación. Por ejemplo, en lugar de guardar un archivo como "Reporte1", un nombre como "Ventas_Q1_2024" proporciona más información.

4. **Bases de datos estructuradas:** En contextos más complejos, las bases de datos como Microsoft Access o MySQL permiten organizar grandes cantidades de datos de forma estructurada, utilizando tablas, relaciones y claves únicas para garantizar un acceso eficiente.

Una buena organización no solo reduce el tiempo dedicado a buscar información, sino que también minimiza los errores y redundancias, asegurando que los datos estén siempre disponibles cuando se necesiten.

- Procesamiento de datos

El procesamiento de datos consiste en aplicar técnicas y herramientas que conviertan los datos organizados en información comprensible y útil. Este paso puede variar en complejidad dependiendo de los objetivos y del tipo de datos que se están manejando.

Algunos aspectos clave del procesamiento son:

1. **Limpieza de datos:** Antes de analizar o interpretar datos, es fundamental eliminar duplicados, corregir errores y rellenar valores faltantes. Por ejemplo, en una hoja de cálculo de contactos, un dato incompleto como "Jua Pérez" se puede corregir a "Juan Pérez".

2. **Clasificación y análisis:** En este paso, los datos se agrupan según categorías o criterios específicos. Por ejemplo, un negocio puede clasificar sus ventas por región geográfica o por productos más vendidos.

3. **Herramientas para el procesamiento:** Programas como Microsoft Excel

y Google Sheets permiten realizar tareas como sumar, filtrar, graficar y analizar datos de manera sencilla. Para necesidades más avanzadas, herramientas como Python, R o Power BI ofrecen funcionalidades más potentes para procesar grandes volúmenes de datos y realizar análisis complejos.

4. **Visualización de datos:** Convertir datos procesados en gráficos, tablas o dashboards es una manera efectiva de comunicar información. Por ejemplo, un gráfico de barras que muestre el crecimiento mensual de las ventas puede ser más claro que simplemente leer una lista de cifras.

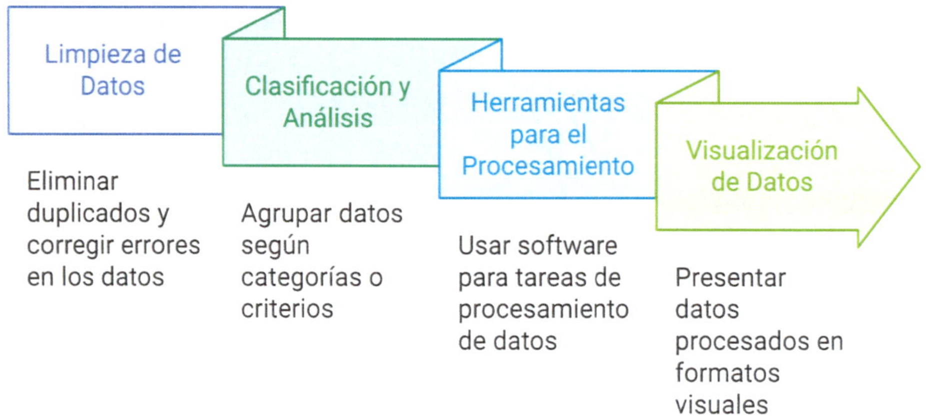

Organizar y procesar datos no solo agrega valor a la información, sino que también mejora significativamente la capacidad de tomar decisiones basadas en hechos. Sin un sistema adecuado para estas etapas, incluso los datos más valiosos pueden quedar inutilizables o malinterpretarse.

Uso práctico de los datos.

Una vez que los datos han sido recopilados, almacenados, organizados y procesados, el último paso del ciclo es su uso práctico. En esta etapa, los datos, ahora convertidos en información útil, se aplican para cumplir objetivos concretos, resolver problemas o tomar decisiones fundamentadas.

- Aplicación de los datos en distintos contextos

  El uso de los datos procesados depende del propósito para el cual se han gestionado. A continuación, se describen algunos de los usos más comunes en diferentes ámbitos:

1. Toma de decisiones informadas

   En el ámbito profesional, los datos bien gestionados son esenciales para evaluar situaciones y definir estrategias. Por ejemplo, un negocio puede analizar las tendencias de ventas para decidir en qué productos invertir o qué mercados explorar.

   Este enfoque basado en datos, conocido como data-driven decision-making, ayuda a reducir el margen de error y mejora los resultados.

2. Optimización de procesos

   En muchas organizaciones, los datos se utilizan para identificar áreas de mejora. Por ejemplo, al analizar el tiempo que toma completar ciertas tareas, una empresa puede detectar cuellos de botella y optimizar su flujo de trabajo.

3. Generación de informes y presentaciones

   Los datos procesados son la base para crear informes claros y comprensibles. Por ejemplo, un informe financiero trimestral que combine gráficos, tablas y análisis narrativo permite a los interesados comprender el estado actual de la empresa y planificar para el futuro.

4. Soporte para la innovación y el desarrollo

   En sectores como la tecnología, los datos recopilados sobre el comportamiento de los usuarios pueden orientar el diseño de nuevos productos o servicios.

   Por ejemplo, una aplicación móvil puede actualizarse para incluir funciones que los usuarios demandan, basándose en datos de uso recopilados previamente.

5. Monitoreo y evaluación

Los datos también son útiles para evaluar el rendimiento de proyectos, campañas o iniciativas. Por ejemplo, al medir indicadores clave de rendimiento (KPIs), una organización puede determinar si está logrando sus objetivos o si necesita hacer ajustes.

- Ejemplo práctico de uso de datos

  Imaginemos un centro educativo que recopila datos sobre la asistencia y calificaciones de sus estudiantes. Estos datos, al ser organizados y procesados, pueden usarse de manera práctica para:

  - Detectar estudiantes con bajo rendimiento y ofrecerles apoyo personalizado.
  - Identificar tendencias, como asignaturas donde la mayoría de los estudiantes tienen dificultades.

- ⇨ Informar a los padres sobre el progreso de sus hijos de manera clara y comprensible.

♦ Beneficios del uso práctico de los datos

El valor real de los datos se revela en esta etapa del ciclo, cuando se transforman en acciones que aportan beneficios tangibles. Algunos de estos beneficios incluyen:

- ⇨ Mejora en la eficiencia, al eliminar procesos redundantes o ineficaces.
- ⇨ Incremento de la competitividad, gracias a una mejor comprensión del mercado o del entorno.
- ⇨ Mayor capacidad de anticipación, al detectar tendencias y patrones que permiten planificar de manera proactiva.

Utilizar los datos de manera práctica no solo implica tener acceso a ellos, sino también saber interpretarlos y aplicarlos correctamente. Esta etapa del ciclo cierra el círculo, asegurando que el esfuerzo invertido en la gestión de datos se traduzca en resultados concretos y significativos.

1.2. Beneficios y desafíos

Ventajas de una gestión adecuada: ahorro de tiempo, mejor toma de decisiones.

La gestión adecuada de datos no solo es una tarea técnica, sino también una estrategia clave para mejorar la productividad y alcanzar objetivos en cualquier ámbito. Cuando los datos se recopilan, almacenan, organizan, procesan y utilizan correctamente, los beneficios son evidentes en términos de eficiencia, calidad de decisiones y optimización de recursos.

Ahorro de tiempo

Uno de los beneficios más tangibles de una buena gestión de datos es el ahorro de tiempo. En un entorno digital, donde la información está dispersa en múltiples dispositivos, aplicaciones y plataformas, la falta de organización puede provocar largas búsquedas, duplicación de esfuerzos e incluso la pérdida de datos importantes.

- **Acceso rápido a la información:** Un sistema organizado de almacenamiento y etiquetado permite encontrar documentos, datos o archivos en cuestión de segundos. Por ejemplo, un gestor de proyectos puede localizar rápidamente reportes específicos sin tener que revisar múltiples carpetas.

- **Reducción de redundancias:** Al evitar la duplicación de datos y centralizarlos en un sistema eficiente, se elimina la necesidad de realizar las mismas tareas repetidamente.

- **Automatización de procesos:** Herramientas como hojas de cálculo avanzadas o software de gestión de datos pueden automatizar cálculos, clasificaciones y análisis, ahorrando tiempo en tareas manuales.

Mejor toma de decisiones

Otro beneficio fundamental es la mejora en la toma de decisiones. Los datos organizados y procesados correctamente proporcionan información clara y fiable, lo que permite a las personas y organizaciones actuar con mayor confianza y precisión.

- **Datos como base de decisiones:** Tomar decisiones basadas en información comprobada reduce la incertidumbre. Por ejemplo, un análisis de ventas puede mostrar qué productos tienen mayor demanda, lo que guía estrategias comerciales más acertadas.

- **Identificación de patrones y tendencias:** Herramientas de análisis permiten detectar comportamientos repetitivos o emergentes, como cambios en las preferencias del mercado o fluctuaciones en el rendimiento de un equipo.

- **Evaluación del impacto:** La información bien gestionada facilita el análisis posterior a la implementación de decisiones, permitiendo evaluar su efectividad y realizar ajustes si es necesario.

Ejemplo práctico

Imaginemos una empresa que implementa un sistema de gestión centralizado para sus datos financieros, de inventario y de clientes. Gracias a esta organización:

- El departamento de ventas puede consultar en tiempo real el stock disponible para confirmar pedidos rápidamente.
- El equipo de marketing puede identificar los productos más vendidos para diseñar campañas específicas.
- Los gerentes pueden analizar los márgenes de beneficio por región para optimizar recursos.

Retos clave: volumen de datos, privacidad y seguridad.

A pesar de las ventajas que ofrece una buena gestión de datos, también existen desafíos significativos que deben ser abordados para garantizar su efectividad.

Entre estos desafíos destacan el crecimiento exponencial del volumen de datos y los riesgos asociados a la privacidad y la seguridad.

Volumen de datos

En la era digital, el volumen de datos generados crece de manera exponencial. Cada vez más personas, dispositivos y sistemas están conectados, lo que resulta en cantidades masivas de información producida constantemente. Este fenómeno, conocido como "Big Data", plantea varios retos:

1. **Almacenamiento insuficiente**

   A medida que se generan más datos, las capacidades de almacenamiento tradicionales pueden volverse obsoletas o insuficientes. Las organizaciones deben invertir en infraestructuras avanzadas, como soluciones en la nube o sistemas de almacenamiento distribuido, para manejar grandes volúmenes de datos de manera eficiente.

2. **Dificultad para filtrar información relevante**

   El exceso de datos puede dificultar la identificación de información realmente útil. Esto requiere herramientas especializadas para filtrar, clasificar y priorizar los datos según su relevancia para cada contexto.

3. **Costos asociados al manejo de datos masivos**

Gestionar grandes volúmenes de datos implica costos significativos en términos de almacenamiento, herramientas de análisis y personal especializado.

Las organizaciones deben encontrar un equilibrio entre los recursos que invierten y el valor que obtienen de los datos.

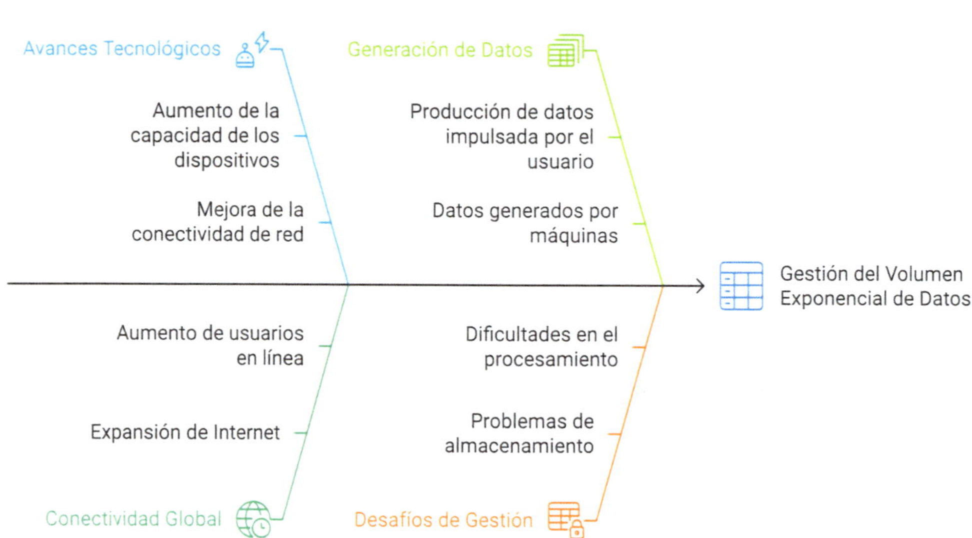

Privacidad y seguridad

Otro desafío crítico es la protección de los datos frente a accesos no autorizados, pérdidas y abusos. A medida que más información se almacena y circula en entornos digitales, aumentan las vulnerabilidades asociadas a la privacidad y la seguridad.

1. Amenazas cibernéticas

   Hackeos, malware y ransomware son solo algunos ejemplos de los riesgos a los que están expuestos los datos digitales. Las organizaciones y los individuos deben implementar medidas de ciberseguridad como firewalls, cifrado y autenticación multifactor para proteger la información.

2. Cumplimiento de normativas de privacidad

   Las leyes y regulaciones, como el Reglamento General de Protección de Datos (GDPR) en Europa o la Ley de Protección de la Privacidad del Consumidor en California, exigen que las organizaciones manejen los datos personales de manera responsable. Esto incluye obtener el consentimiento explícito de los usuarios y garantizar que sus datos sean utilizados únicamente para los fines declarados.

3. Accesos no autorizados y fugas de datos

   La falta de control sobre quién accede a los datos puede provocar filtraciones de información sensible, como datos personales, financieros o empresariales. Esto no solo afecta la reputación de una organización, sino que también puede resultar en sanciones legales y pérdida de confianza por parte de los usuarios.

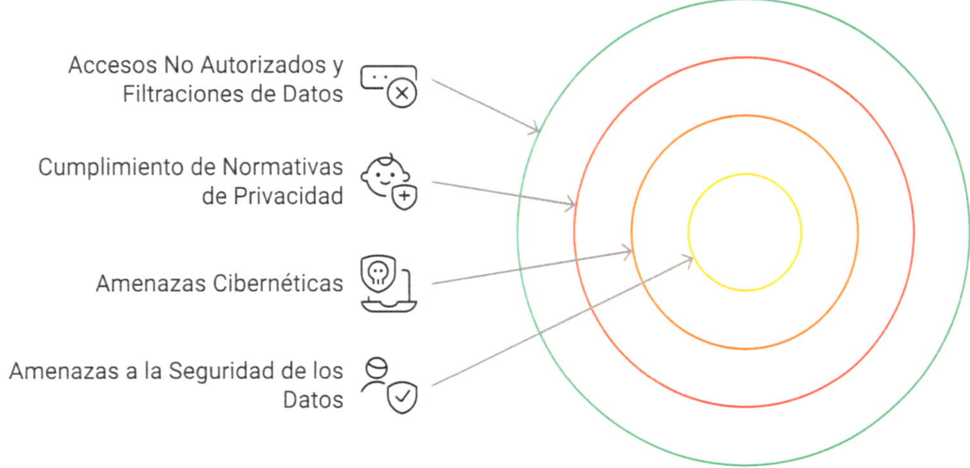

Ejemplo práctico: Pensemos en una empresa que almacena datos sensibles de sus clientes, como números de tarjetas de crédito y direcciones. Si esta información no se gestiona adecuadamente, puede quedar vulnerable a un ataque cibernético.

Para mitigar estos riesgos, la empresa podría:

- Implementar sistemas de cifrado para proteger los datos en tránsito y en reposo.
- Realizar auditorías regulares para identificar y corregir vulnerabilidades.
- Capacitar a su personal en buenas prácticas de seguridad digital.

El volumen creciente de datos y los riesgos asociados a la privacidad y seguridad representan retos importantes que no deben ser subestimados. Sin embargo, con estrategias y herramientas adecuadas, es posible superar estos desafíos y maximizar los beneficios de una gestión eficiente de datos.

Reflexión sobre la necesidad de gestionar datos de forma eficiente.

En un mundo cada vez más digitalizado, la gestión eficiente de datos se ha convertido en una habilidad esencial tanto para individuos como para organizaciones. Los datos son ahora el recurso más valioso, ya que sirven como base para decisiones estratégicas, innovación y mejoras continuas en todos los sectores. Sin embargo, no basta con acumular información; su verdadero valor radica en la capacidad de gestionarla de manera ordenada, segura y efectiva.

Gestionar datos de forma eficiente permite transformar la complejidad en claridad. En un entorno donde el volumen de información crece de manera exponencial, una mala organización puede llevar a problemas significativos, como pérdida de tiempo, toma de decisiones basadas en información incorrecta y, en casos extremos, riesgos legales o de seguridad. Por el contrario, cuando los datos se gestionan correctamente, se convierten en un activo estratégico que impulsa la productividad, optimiza recursos y permite a las personas y organizaciones anticiparse a las necesidades futuras.

Además, la gestión de datos eficiente no es solo una cuestión técnica, sino también ética. La privacidad y la seguridad de la información personal y profesional son responsabilidades fundamentales. Implementar prácticas adecuadas no solo protege los datos sensibles, sino que también genera confianza entre las partes interesadas, ya sean clientes, colaboradores o usuarios.

A nivel personal, gestionar bien los datos ayuda a mantener el orden en la vida diaria, desde organizar documentos digitales hasta gestionar el uso de aplicaciones y plataformas en línea. A nivel organizacional, es la clave para la competitividad en mercados globales, permitiendo innovar y adaptarse rápidamente a los cambios.

En definitiva, en un mundo donde los datos son el motor del progreso, aprender a gestionarlos de forma eficiente ya no es una opción, sino una necesidad. Adoptar buenas prácticas desde el principio y apoyarse en herramientas tecnológicas adecuadas es el primer paso para asegurar que los datos trabajen a nuestro favor y no se conviertan en una carga o un riesgo.

2. Herramientas para organizar y clasificar información

En un mundo donde la información fluye constantemente y en grandes cantidades, disponer de herramientas digitales para su organización es esencial. Estas herramientas no solo permiten mantener el orden, sino que también optimizan el tiempo y los recursos, ayudando a las personas y organizaciones a alcanzar sus objetivos de manera más eficiente.

A medida que los datos se han convertido en el centro de las decisiones personales y profesionales, las herramientas digitales han evolucionado para ofrecer soluciones adaptadas a las necesidades específicas de cada usuario. Desde simples aplicaciones para tomar notas hasta complejos sistemas de bases de datos, estas herramientas permiten capturar, almacenar y estructurar información de manera efectiva. Su implementación adecuada no solo mejora la productividad, sino que también reduce el estrés asociado a la desorganización y la pérdida de datos.

Además, en contextos profesionales, estas herramientas son fundamentales para competir en mercados globales. La capacidad de acceder rápidamente a información bien organizada puede marcar la diferencia en la toma de decisiones estratégicas, la planificación de proyectos o la mejora continua de procesos. Por ello, aprender a usar estas aplicaciones se ha convertido en una competencia indispensable.

Las herramientas digitales no solo sirven para organizar información; también son poderosos aliados para analizar y gestionar datos en una amplia variedad de contextos. Su funcionalidad va más allá del simple almacenamiento, ofreciendo capacidades avanzadas que permiten transformar datos en información útil y procesable.

Por ejemplo, aplicaciones como Microsoft Excel o Google Sheets permiten trabajar con grandes volúmenes de datos mediante fórmulas, tablas dinámicas y gráficos, lo que facilita la identificación de patrones o tendencias. Por otro lado, herramientas como Evernote o Notion ayudan a clasificar información mediante etiquetas, categorías y búsquedas rápidas, lo que resulta ideal para proyectos creativos o planificación de tareas.

En el ámbito académico, aplicaciones como Zotero y Mendeley son fundamentales para gestionar referencias bibliográficas y documentos de investigación, optimizando el flujo de trabajo de estudiantes y profesionales. Mientras tanto, herramientas como Trello o Airtable destacan en la gestión de proyectos, permitiendo a los equipos coordinar tareas y visualizar progresos de manera clara y organizada.

Cada una de estas herramientas ofrece funcionalidades específicas que pueden adaptarse a necesidades muy diversas. Desde simplificar la vida personal mediante listas y recordatorios, hasta gestionar proyectos empresariales complejos, las aplicaciones digitales han revolucionado la manera en que interactuamos con la información, haciéndola más accesible y manejable.

2.1. Microsoft Excel y Google Sheets

Principales funciones: hojas de cálculo, fórmulas, filtros, tablas dinámicas y gráficos.

Microsoft Excel y Google Sheets son herramientas fundamentales en la gestión de datos, reconocidas por su flexibilidad y capacidad para trabajar con grandes volúmenes de información. Ambas se centran en el uso de hojas de cálculo, que permiten organizar, procesar y analizar datos de manera estructurada.

1. Hojas de cálculo

   Estas aplicaciones ofrecen un entorno basado en celdas, donde los datos se organizan en filas y columnas. Las hojas de cálculo son ideales para almacenar información como listas, registros o tablas de datos, permitiendo una visualización clara y ordenada.

2. Fórmulas y funciones

   Tanto Excel como Google Sheets cuentan con una amplia gama de fórmulas y funciones predefinidas que automatizan cálculos. Algunas de las más comunes incluyen:

   ⇨ SUMA: para sumar rangos de números.

   ⇨ PROMEDIO: para calcular valores medios.

   ⇨ BUSCARV y BUSCARH: para buscar valores específicos en tablas.

   ⇨ Funciones lógicas como SI, que permiten tomar decisiones basadas en condiciones.

3. Filtros

   Los filtros permiten visualizar únicamente los datos relevantes, ocultando temporalmente aquellos que no cumplen ciertos criterios. Esto es útil para trabajar con bases de datos grandes, facilitando el enfoque en aspectos específicos.

4. Tablas dinámicas

   Las tablas dinámicas son una de las funciones más potentes para resumir y analizar datos. Permiten agrupar, clasificar y calcular métricas importantes con solo unos clics, ideal para quienes trabajan con grandes volúmenes de información y necesitan obtener insights rápidamente.

5. Gráficos

   Ambas herramientas ofrecen la posibilidad de transformar datos en gráficos visuales, como gráficos de barras, líneas o circulares. Estos son especialmente útiles para presentar información de forma comprensible y atractiva en informes o presentaciones.

Estas funciones convierten a Excel y Google Sheets en herramientas versátiles y adaptables para diferentes contextos, desde tareas personales simples hasta análisis complejos en entornos profesionales.

Comparativa entre ambas herramientas y cuándo elegir una sobre otra

Microsoft Excel y Google Sheets son dos de las herramientas más populares para trabajar con hojas de cálculo. Aunque comparten muchas funciones, cada una tiene características distintivas que las hacen más adecuadas para diferentes usuarios y contextos. A continuación, se presentan los puntos clave de comparación entre ambas herramientas:

1.- Accesibilidad y colaboración	
Google Sheets	
Basado en la nube, lo que permite acceder a las hojas de cálculo desde cualquier dispositivo con conexión a internet.	Diseñado principalmente como aplicación de escritorio, colaboración en tiempo real limitada. Ideal para entornos desconectados o análisis avanzados.
Facilita la colaboración en tiempo real, permitiendo que varios usuarios editen un archivo simultáneamente con actualizaciones en vivo.	Ofrece herramientas básicas avanzadas como QUERY y conexión con servicios de Google, pero rendimiento limitado con grandes archivos.
Perfecto para equipos distribuidos o trabajos colaborativos.	Ideal para quienes trabajan en entornos desconectados o con necesidades de análisis avanzados.

2.- Funcionalidades avanzadas	
Google Sheets	
Ofrece un conjunto básico de herramientas avanzadas, como funciones de consulta (QUERY) y conexión con otros servicios de Google.	Destaca en funciones avanzadas como tablas dinámicas complejas, macros programadas en VBA y análisis de datos con herramientas como Power Query y Power Pivot
Su rendimiento puede disminuir con archivos muy grandes, ya que está optimizado para documentos de tamaño moderado.	Su capacidad para manejar grandes volúmenes de datos (archivos con millones de filas) lo convierte en la elección preferida para usuarios avanzados y analistas de datos.
Carece de algunas funcionalidades avanzadas que son estándar en Excel, como macros complejas o herramientas para análisis multidimensional.	

3.- Integraciones	
Google Sheets	
Se integra de manera nativa con Google Drive, Google Forms y otras aplicaciones de Google Workspace.	Se integra perfectamente con el ecosistema de Microsoft, incluyendo Word, PowerPoint y Power BI.
Permite conectar hojas con servicios externos mediante Apps Script o integraciones predefinidas, como Zapier.	Compatible con complementos y herramientas de terceros para ampliar su funcionalidad.

4. - Costo	
Google Sheets	
Gratuito para usuarios individuales con una cuenta de Google.	Forma parte de la suite de Microsoft Office, que requiere una suscripción a Microsoft 365 o una compra de licencia única.
Google Workspace, su versión profesional, requiere una suscripción, pero sigue siendo más económica que Microsoft 365.	La versión gratuita en línea tiene funcionalidades limitadas.

5. -Usabilidad	
Google Sheets	
Su interfaz sencilla y accesible lo hace más amigable para usuarios principiantes.	Ideal para usuarios avanzados que necesitan un alto nivel de personalización y funcionalidades potentes.
Menos opciones avanzadas, pero suficientes para tareas comunes y colaborativas.	Puede ser intimidante para principiantes debido a la complejidad de algunas de sus herramientas.

¿Cuándo elegir cada una?	
Google Sheets	
Si priorizas la colaboración en tiempo real, la accesibilidad desde cualquier lugar o necesitas una solución económica.	Si necesitas análisis de datos complejos, manejar grandes volúmenes de información o trabajar fuera de línea.
Ideal para proyectos colaborativos, planificación personal o trabajos ligeros.	Recomendado para profesionales que trabajan en finanzas, análisis de datos o proyectos técnicos.

Ambas herramientas son poderosas y útiles, pero su elección depende del contexto y las necesidades específicas del usuario. Mientras Excel es un estándar en análisis avanzado, Google Sheets sobresale en accesibilidad y trabajo en equipo.

2.2. Evernote

Organización de notas, tareas y archivos multimedia

Evernote es una de las herramientas más reconocidas para la gestión de información personal y profesional. Su diseño intuitivo y multifuncionalidad la convierten en una excelente opción para organizar notas, tareas y archivos multimedia en un solo lugar.

1. Notas

   Evernote permite crear notas que pueden incluir texto, imágenes, enlaces, audio y documentos adjuntos. Cada nota se puede personalizar según las necesidades, facilitando la recopilación de ideas, apuntes o cualquier información relevante. Por ejemplo, puedes registrar notas rápidas durante una reunión o adjuntar imágenes de un proyecto en curso.

2. Tareas

   Además de las notas, Evernote incorpora herramientas para la gestión de tareas. Los usuarios pueden crear listas de verificación, establecer recordatorios y priorizar actividades directamente dentro de la aplicación. Esto es útil para quienes desean centralizar la planificación diaria en una sola plataforma.

3. Archivos multimedia

   Evernote permite guardar una amplia variedad de archivos multimedia, como capturas de pantalla, grabaciones de audio, imágenes y documentos PDF. Esto facilita la recopilación de información complementaria que no siempre es posible registrar en texto, como diagramas visuales o explicaciones grabadas.

4. Organización centralizada

   Una de las fortalezas de Evernote es su capacidad para combinar todas estas funciones en un entorno bien organizado. Por ejemplo, un usuario puede crear una libreta específica para un proyecto, incluir notas de planificación, adjuntar documentos relevantes y registrar tareas pendientes, todo accesible desde un solo lugar.

Esta funcionalidad integral hace que Evernote sea una herramienta potente para cualquier persona que necesite gestionar información de manera eficiente, sin importar si el enfoque es personal o profesional.

Características principales: etiquetas, libretas, plantillas y sincronización en la nube.

Evernote se distingue por sus características que permiten una organización y accesibilidad avanzadas. Estas funcionalidades son clave para estructurar la información y facilitar su uso en distintos contextos:

1. Etiquetas

   ⇨ Las etiquetas son una herramienta esencial para clasificar y buscar notas rápidamente.

   ⇨ Los usuarios pueden asignar múltiples etiquetas a una nota, creando una estructura flexible para categorizar información. Por ejemplo, una nota sobre "Planificación de marketing" podría etiquetarse con "Trabajo", "Estrategia" y "Marketing".

2. Libretas

   ⇨ Evernote organiza las notas en libretas, que funcionan como carpetas digitales.

   ⇨ Cada libreta puede contener notas relacionadas con un tema o proyecto específico. Por ejemplo, podrías tener libretas separadas para "Proyectos en curso", "Ideas personales" y "Investigación académica".

   ⇨ Además, es posible agrupar libretas en "Pilas", lo que permite una organización jerárquica para proyectos más grandes.

3. Plantillas

⇨ Evernote ofrece plantillas prediseñadas para distintos usos, como planificación de reuniones, seguimiento de hábitos o esquemas de proyectos.

⇨ Estas plantillas ahorran tiempo y proporcionan una estructura inicial que puede personalizarse según las necesidades del usuario. Por ejemplo, una plantilla de reunión incluye secciones predefinidas para objetivos, temas y tareas asignadas.

4. Sincronización en la nube

⇨ Una de las características más útiles de Evernote es su sincronización en la nube, que permite acceder a las notas desde cualquier dispositivo.

⇨ Los cambios realizados en un dispositivo se actualizan automáticamente en todos los demás, garantizando que la información esté siempre al día.

⇨ Además, Evernote permite trabajar sin conexión, guardando los cambios localmente y sincronizándolos una vez que se restaura la conexión a internet.

Aplicaciones en el ámbito personal y profesional, como la planificación de proyectos o el registro de ideas.

La versatilidad de Evernote lo convierte en una herramienta valiosa tanto en la vida personal como en entornos profesionales. Su capacidad para organizar información de forma clara y accesible facilita la planificación, la gestión de proyectos y el registro de ideas en diversas situaciones.

En el ámbito personal

1. Planificación diaria

⇨ Evernote permite a los usuarios crear listas de tareas, registrar recordatorios y mantener un calendario personal. Por ejemplo, puedes planificar actividades semanales, establecer objetivos diarios y realizar un seguimiento del progreso.

2. Gestión de ideas

   ⇨ Es ideal para capturar pensamientos o ideas en cualquier momento. Desde reflexiones personales hasta notas para proyectos creativos, Evernote actúa como un espacio digital donde las ideas se almacenan y permanecen accesibles para su desarrollo futuro.

3. Archivo de información importante

   ⇨ Los usuarios pueden guardar documentos importantes, como contratos, facturas o recetas, organizándolos en libretas específicas para acceso rápido. Esto resulta útil para mantener registros personales ordenados y disponibles en cualquier momento.

En el ámbito profesional

1. Gestión de proyectos

   ⇨ En entornos laborales, Evernote es una herramienta potente para planificar y hacer seguimiento a proyectos. Por ejemplo, un equipo puede registrar objetivos, hitos y tareas dentro de una libreta compartida, asegurando que todos los miembros estén alineados.

2. Toma de notas en reuniones

   ⇨ Evernote facilita la creación de notas estructuradas durante reuniones, incluyendo listas de acciones, puntos clave y decisiones tomadas. La posibilidad de añadir etiquetas permite encontrar fácilmente estas notas en el futuro.

3. Gestión documental y colaboración

   ⇨ Los profesionales pueden centralizar documentos importantes en Evernote, como propuestas, reportes o actas. Las notas pueden compartirse con colegas, permitiendo colaboración en tiempo real o comentarios adicionales.

Ejemplo práctico: Un diseñador freelance utiliza Evernote para gestionar su trabajo. Crea libretas separadas para cada cliente, donde guarda notas de reuniones, bocetos iniciales y facturas emitidas. Gracias a las etiquetas, puede clasificar tareas por estado, como "Pendiente" o "En progreso". Además, la sincronización en la nube le permite trabajar desde su computadora o teléfono, garantizando que su información esté siempre disponible.

2.3. Zotero y Mendeley

Gestión de referencias bibliográficas y organización de fuentes.

zotero

Zotero y Mendeley son herramientas diseñadas específicamente para facilitar la gestión de referencias bibliográficas y la organización de fuentes en proyectos de investigación académica, trabajos científicos o redacción profesional. Ambas son ampliamente utilizadas por estudiantes, investigadores y profesionales que trabajan con grandes cantidades de información documental.

Gestión de referencias bibliográficas

1. Recolección de referencias

   ⇨ Tanto Zotero como Mendeley permiten recolectar referencias de manera automática desde bases de datos académicas, artículos científicos, libros o incluso páginas web. Por ejemplo, al visitar un artículo en una plataforma como PubMed o Google Scholar, puedes importar directamente toda la información bibliográfica con un solo clic.

2. Formato de citas y bibliografías

   ⇨ Estas herramientas ofrecen cientos de estilos de citas, como APA, MLA o Chicago, lo que facilita la adaptación a los requerimientos de cada publicación o institución. Al redactar un documento, puedes insertar citas y generar bibliografías de forma automática, ahorrando tiempo y reduciendo errores.

Organización de fuentes

1. Clasificación por carpetas o etiquetas

   ⇨ Ambas herramientas permiten organizar las referencias en carpetas temáticas o por proyectos, además de etiquetarlas con palabras clave. Esto ayuda a mantener un orden claro incluso cuando se manejan cientos de referencias.

2. Gestión de documentos adjuntos

   ⇨ Zotero y Mendeley permiten adjuntar archivos como PDFs, imágenes o notas relacionadas con cada referencia. Por ejemplo, puedes guardar un artículo científico completo junto con sus metadatos y realizar búsquedas posteriores en el texto del PDF.

Beneficios clave

- Simplifican la gestión de información bibliográfica, especialmente en proyectos largos o colaborativos.
- Reducen el tiempo dedicado a formatear citas y bibliografías, permitiendo un enfoque mayor en el contenido académico.
- Facilitan el acceso y la recuperación de información gracias a sus sistemas de clasificación y búsqueda.

Funciones destacadas: creación de bibliografías automáticas, anotación de documentos y sincronización.

Zotero y Mendeley destacan por ofrecer funciones avanzadas que optimizan el manejo de referencias bibliográficas y documentos. Estas herramientas van más allá de la simple organización de fuentes, proporcionando funcionalidades clave que facilitan el trabajo académico y profesional.

Creación de bibliografías automáticas

- Ambas herramientas permiten generar bibliografías de forma automática en diversos estilos (APA, MLA, Chicago, entre otros). Una vez que se ha recopilado la información de las fuentes, es posible insertar las referencias directamente en un documento, y la herramienta se encarga de formatearlas correctamente.

- Por ejemplo, mientras redactas un ensayo o un artículo en Microsoft Word o Google Docs, Zotero y Mendeley ofrecen extensiones que permiten insertar citas en el texto y construir automáticamente la sección de bibliografía al final.

Anotación de documentos

- Tanto Zotero como Mendeley permiten importar y gestionar archivos PDF relacionados con las referencias. Dentro de estas herramientas, puedes:
  - Resaltar texto directamente en el PDF.
  - Añadir comentarios o notas al margen para registrar observaciones importantes.
- Esto es especialmente útil para estudiantes e investigadores que desean analizar artículos científicos y destacar hallazgos clave directamente en el documento.

Sincronización

- Ambas plataformas ofrecen opciones de sincronización en la nube, lo que garantiza que tus referencias y documentos estén siempre accesibles desde cualquier dispositivo. Por ejemplo:
  - En Zotero, puedes sincronizar automáticamente tus carpetas, etiquetas y documentos adjuntos con tu cuenta en línea, manteniendo todo actualizado en tu computadora y dispositivos móviles.
  - Mendeley ofrece una funcionalidad similar, permitiendo acceder a tus referencias a través de su aplicación móvil o de escritorio, ideal para quienes trabajan en múltiples ubicaciones.

Compatibilidad y colaboración

- Zotero y Mendeley son compatibles con procesadores de texto populares como Microsoft Word, Google Docs y LibreOffice, lo que facilita la integración en flujos de trabajo existentes.
- Ambas herramientas permiten compartir bibliografías o referencias con otros usuarios, lo que es especialmente útil en proyectos colaborativos.

Ejemplo práctico

Un investigador que trabaja en un proyecto sobre cambio climático puede utilizar Zotero o Mendeley para:

1. Recopilar artículos de revistas científicas y capítulos de libros directamente desde bases de datos académicas.
2. Organizar las referencias en carpetas específicas, como "Energías renovables" o "Impactos económicos".
3. Realizar anotaciones en los documentos PDF para destacar datos relevantes y registrar sus observaciones.
4. Insertar citas y bibliografías formateadas automáticamente mientras redacta su artículo, ahorrando tiempo y asegurando precisión.

Comparativa entre Zotero y Mendeley para investigadores, estudiantes y profesionales.

Tanto Zotero como Mendeley son herramientas robustas para la gestión de referencias, pero presentan diferencias significativas que las hacen más adecuadas para ciertos tipos de usuarios y contextos. A continuación, se detallan los puntos clave para ayudar a decidir cuál es la mejor opción según las necesidades.

1. Recolección de referencias	
zotero	MENDELEY
Destaca por su facilidad para capturar referencias desde navegadores web mediante su complemento para Chrome, Firefox y Safari.	También permite recolectar referencias mediante su "Web Importer", aunque está más optimizado para bases de datos académicas y artículos en PDF.
Permite extraer información de prácticamente cualquier fuente online, incluidas bases de datos académicas, catálogos de bibliotecas y sitios web estándar.	Su integración con bases de datos científicas como PubMed es altamente eficiente.
Es particularmente versátil para trabajar con formatos menos convencionales.	

2.-Organización y gestión de documentos	
zotero	
Ofrece una interfaz simple y clara para organizar referencias en carpetas y subcarpetas.	Destaca en la gestión de documentos PDF, con un visor integrado que permite realizar anotaciones y resaltar texto directamente en la herramienta.
Su sistema de etiquetas es altamente personalizable, ideal para proyectos que requieren clasificaciones complejas.	Su sistema de carpetas es intuitivo, pero las opciones de etiquetas son menos avanzadas que las de Zotero.
Admite múltiples idiomas en las fuentes, lo que lo hace ideal para investigaciones multiculturales.	Incluye recomendaciones automáticas de artículos relacionados basadas en las referencias que ya tienes, útil para ampliar investigaciones.

3.-Colaboración y trabajo en equipo	
zotero	
Ofrece la posibilidad de crear "Grupos Zotero", donde los usuarios pueden compartir referencias y trabajar de manera colaborativa.	Diseñado con un enfoque en redes académicas, permite conectar con otros investigadores a través de su plataforma.
La sincronización es eficiente incluso en la versión gratuita, lo que lo hace accesible para equipos pequeños o estudiantes con recursos limitados.	Las carpetas compartidas son fáciles de configurar, pero algunas funciones avanzadas de colaboración requieren una suscripción premium.

4.-Compatibilidad	
zotero	
Compatible con procesadores de texto populares como Microsoft Word, Google Docs y LibreOffice.	También es compatible con Microsoft Word y LibreOffice, pero su integración con Google Docs no es tan completa.
Su integración con navegadores y sistemas operativos es fluida, y al ser de código abierto, tiene soporte en múltiples plataformas.	Funciona mejor en ecosistemas científicos y académicos específicos.

5. Costo	
zotero	
Completamente gratuito, aunque con opciones de almacenamiento en la nube adicionales mediante un plan pago.	La versión básica es gratuita, pero muchas de sus características avanzadas, como mayor almacenamiento en la nube o funciones colaborativas ampliadas, requieren una suscripción premium.
Ideal para quienes buscan una solución económica sin sacrificar funcionalidad.	

¿Cuándo elegir cada una?	
zotero	
Recomendado para estudiantes e investigadores que trabajan con una amplia variedad de fuentes y necesitan un sistema de etiquetas y organización flexible. También es una excelente opción para quienes prefieren herramientas gratuitas y de código abierto.	Ideal para profesionales e investigadores en ciencias que manejan principalmente artículos en PDF y desean una herramienta robusta para anotaciones y recomendaciones automáticas. Su enfoque en redes académicas es un plus para quienes buscan colaborar activamente.

2.4. Notion y Airtable

Notion: flexibilidad para combinar bases de datos, notas y proyectos.

Notion es una herramienta multifuncional que combina la gestión de bases de datos, notas y proyectos en un solo entorno digital.

Su principal fortaleza radica en su capacidad para adaptarse a las necesidades específicas del usuario, permitiendo crear sistemas personalizados para organizar información y tareas.

1. Bases de datos personalizables

   ⇨ Notion permite crear bases de datos que pueden estructurarse como tablas, galerías, listas o calendarios, dependiendo de la necesidad. Cada entrada puede contener múltiples campos, como texto, números, fechas o enlaces, lo que lo hace ideal para gestionar información compleja.

   ⇨ Por ejemplo, una base de datos puede incluir columnas para "Proyectos", "Responsables", "Plazos" y "Estado de avance".

2. Gestión de notas y contenido

   ⇨ La herramienta integra funciones avanzadas de toma de notas, permitiendo combinar texto, imágenes, enlaces y documentos incrustados en una misma página.

   ⇨ Esto es especialmente útil para quienes necesitan recopilar y estructurar información de forma dinámica, como durante la planificación de un proyecto o la redacción de un informe.

3. Enfoque en la colaboración

  ⇨ Notion permite a equipos trabajar de manera colaborativa en tiempo real. Los usuarios pueden compartir páginas, dejar comentarios y realizar ediciones conjuntas, lo que fomenta una comunicación eficiente.

  ⇨ Por ejemplo, un equipo de marketing puede planificar una campaña publicitaria en Notion, asignando tareas y centralizando toda la información relevante en una sola plataforma.

4. Interfaz intuitiva y versátil

  ⇨ La interfaz de Notion es sencilla y limpia, lo que facilita su uso incluso para principiantes. Además, ofrece plantillas predefinidas para distintas necesidades, como seguimiento de proyectos, planificación semanal o bases de datos de clientes.

5. Sincronización y accesibilidad

  ⇨ Como herramienta basada en la nube, Notion permite acceder a la información desde cualquier dispositivo, garantizando que los datos estén siempre actualizados y disponibles.

Notion es ideal para quienes buscan una solución todo en uno que combine flexibilidad, colaboración y personalización, adaptándose tanto a necesidades personales como profesionales.

Airtable: integración de bases de datos con un enfoque visual para la organización.

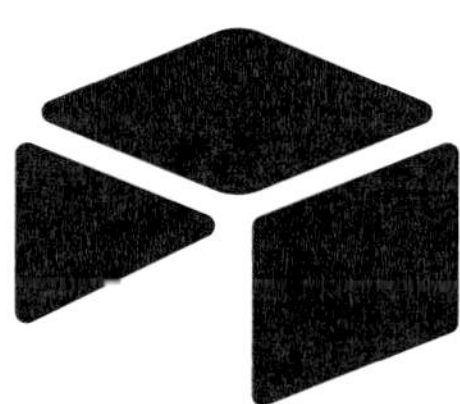

Airtable es una herramienta que combina las funcionalidades de una base de datos con la simplicidad de una hoja de cálculo, ofreciendo un enfoque visual y dinámico para organizar información.

Su diseño intuitivo y adaptable la convierte en una opción ideal para gestionar proyectos, recursos y equipos en diversos contextos.

1. Estructura de bases de datos visuales

⇨ Airtable permite crear bases de datos estructuradas que pueden visualizarse en diferentes formatos, como tablas, galerías, calendarios o tableros Kanban.

⇨ Cada fila en una tabla representa un registro, mientras que las columnas contienen campos personalizables, como texto, números, fechas, listas desplegables o enlaces a otros registros.

2. Enfoque en la personalización

⇨ La flexibilidad de Airtable permite a los usuarios adaptar las bases de datos a sus necesidades específicas.

Por ejemplo, un equipo de desarrollo de productos puede crear una base para rastrear ideas, etapas de desarrollo y responsables, todo en un solo lugar.

⇨ También admite plantillas para diferentes casos de uso, desde la gestión de inventarios hasta la planificación de eventos.

3. Automatizaciones y flujos de trabajo

⇨ Airtable incluye herramientas de automatización que permiten simplificar tareas repetitivas.

Por ejemplo, puedes configurar reglas que envíen correos electrónicos o actualicen registros automáticamente cuando se cumplan ciertos criterios.

⇨ Estas funcionalidades lo convierten en una herramienta eficiente para optimizar procesos.

4. Colaboración en equipo

   ⇨ Al igual que Notion, Airtable facilita el trabajo colaborativo en tiempo real. Los usuarios pueden compartir bases de datos con diferentes niveles de permisos, lo que garantiza un control adecuado sobre quién puede ver o editar la información.

   ⇨ Por ejemplo, en un equipo de ventas, se puede compartir una base con clientes potenciales donde solo los administradores puedan modificar los datos.

5. Integraciones y extensibilidad

   ⇨ Airtable se integra con otras herramientas populares, como Slack, Google Drive y Zapier, lo que permite ampliar sus capacidades y conectarlo con flujos de trabajo existentes.

   ⇨ También cuenta con una API para desarrolladores, ideal para quienes buscan personalizar aún más sus aplicaciones.

6. Diseño intuitivo y accesible

   ⇨ Aunque ofrece funcionalidades avanzadas, Airtable mantiene una interfaz visualmente atractiva y fácil de usar, incluso para quienes no tienen experiencia en bases de datos.

   ⇨ Al ser una herramienta basada en la nube, puede accederse desde cualquier dispositivo con conexión a internet.

Airtable es una opción poderosa para quienes necesitan una herramienta flexible y visual para organizar información, especialmente en proyectos que involucran múltiples datos interrelacionados y requieren colaboración.

Casos de uso: planificación de contenido, organización de equipos y proyectos complejos.

1. Planificación de contenido	
Ideal para equipos de marketing, creación de contenido o educación que necesitan planificar, organizar y programar publicaciones.	o Excelente para manejar proyectos con múltiples elementos interrelacionados. Por ejemplo, un medio digital puede usar Airtable para rastrear artículos en producción, asignar editores y vincular recursos multimedia.
Por ejemplo, un equipo de redes sociales puede usar Notion para crear una base de datos que incluya columnas como "Título del contenido", "Fecha de publicación", "Estado" (Borrador, Revisado, Publicado) y "Responsable".	Sus vistas de galería son especialmente útiles para proyectos visuales, como planificación de campañas publicitarias o diseño gráfico.
Las vistas en forma de calendario ayudan a visualizar las fechas de entrega de manera clara.	

2.-Organización de equipos	
Facilita la gestión de tareas y el seguimiento del progreso de los miembros del equipo. Un gestor de proyectos puede utilizar Notion para asignar tareas, registrar objetivos y documentar procesos, centralizando toda la información en una sola plataforma.	Permite crear bases de datos detalladas con información sobre cada miembro del equipo, como roles, habilidades y disponibilidad.
La colaboración en tiempo real asegura que todos los miembros estén al tanto de los cambios o actualizaciones en los proyectos.	Por ejemplo, un equipo de eventos puede usar Airtable para planificar responsabilidades durante una conferencia, asignando tareas específicas a cada persona y monitoreando su estado de ejecución en tiempo real.

3.-Proyectos complejos	
Es ideal para proyectos que requieren la documentación detallada de procesos y fases. Por ejemplo, una empresa tecnológica puede usar Notion para planificar el desarrollo de un software, creando bases de datos para requisitos técnicos, hitos del proyecto y retroalimentación de clientes.	Sobresale en proyectos con datos interconectados y dependencias múltiples. Por ejemplo, una startup que desarrolla un producto físico puede usar Airtable para rastrear proveedores, gestionar inventarios y planificar la logística de producción.
Las páginas jerárquicas y las etiquetas permiten navegar fácilmente entre diferentes niveles de información.	La posibilidad de configurar automatizaciones para tareas repetitivas, como enviar correos electrónicos a proveedores, optimiza los flujos de trabajo.

Ambas herramientas son altamente adaptables y ofrecen soluciones efectivas para diversos tipos de proyectos, desde los más simples hasta los más complejos. Mientras que Notion destaca por su flexibilidad en la documentación y planificación, Airtable sobresale en la gestión de bases de datos visuales y estructuradas. Elegir una u otra dependerá del enfoque y las necesidades del equipo o individuo.

2.5. OneNote, Trello y Obsidian

OneNote: toma de notas jerárquica y multimedia con integración a Microsoft Office.

Microsoft OneNote es una herramienta de toma de notas versátil que destaca por su capacidad para organizar información de forma jerárquica y multimedia. Como parte de la suite de Microsoft Office, ofrece una integración fluida con otras aplicaciones como Word, Excel y Outlook, lo que la convierte en una opción ideal para usuarios que ya trabajan en este ecosistema.

1. Organización jerárquica de notas

   ⇨ OneNote utiliza una estructura basada en cuadernos, secciones y páginas. Esto permite organizar información de manera lógica y clara, especialmente útil para proyectos que requieren múltiples niveles de detalle.

   ⇨ Por ejemplo, un estudiante puede crear un cuaderno para cada asignatura, dividirlo en secciones por temas y agregar páginas para apuntes específicos o material de estudio.

2. Compatibilidad multimedia

   ⇨ Permite incluir imágenes, audios, videos y enlaces dentro de las notas, lo que la hace ideal para recopilar información diversa en un solo lugar.

   ⇨ Por ejemplo, un diseñador gráfico puede adjuntar capturas de pantalla de referencias visuales, notas escritas a mano con un lápiz óptico y grabaciones de voz con ideas creativas.

3. Sincronización y accesibilidad

   ⇨ Al estar basado en la nube (a través de OneDrive), OneNote asegura que las notas estén sincronizadas en todos los dispositivos. Esto permite acceder a la información desde una computadora, tableta o teléfono, facilitando la portabilidad.

   ⇨ Además, permite trabajar sin conexión, sincronizando los cambios automáticamente al restablecer la conexión a internet.

4. Colaboración y vinculación con Microsoft Office

   ⇨ Los usuarios pueden compartir cuadernos con colegas o equipos para colaborar en tiempo real. Por ejemplo, un equipo de trabajo puede usar OneNote para planificar una reunión, registrando tareas asignadas y adjuntando documentos relevantes.

   ⇨ Su integración con Outlook permite vincular tareas y citas, mientras que con Word y Excel permite incrustar documentos directamente en las notas.

5. Uso avanzado

⇨ Incluye herramientas como búsquedas avanzadas, etiquetado de notas y reconocimiento de texto en imágenes (OCR), lo que facilita encontrar información específica incluso en archivos grandes o complejos.

OneNote es ideal para estudiantes, profesionales y equipos que necesitan un sistema robusto para organizar y compartir información diversa dentro de un entorno familiar como Microsoft Office.

Trello: organización basada en tableros Kanban para clasificar y priorizar información.

Trello es una herramienta popular de gestión de proyectos que utiliza un enfoque visual basado en tableros Kanban para organizar y priorizar tareas e información. Es ampliamente utilizada por equipos y profesionales para gestionar flujos de trabajo, ya que su diseño intuitivo facilita la colaboración y el seguimiento de proyectos.

1. Tableros Kanban

⇨ La estructura de Trello se basa en tableros que contienen listas y tarjetas. Cada lista representa una etapa del proyecto (por ejemplo, "Pendiente", "En progreso", "Completado"), mientras que las tarjetas representan tareas individuales.

⇨ Este enfoque visual permite a los usuarios mover tarjetas entre listas a medida que avanzan las tareas, proporcionando una visión clara del progreso del proyecto.

2. Personalización de tarjetas

⇨ Cada tarjeta en Trello puede incluir una amplia variedad de información, como descripciones, listas de verificación, fechas de vencimiento, etiquetas de color y adjuntos.

Por ejemplo, en un proyecto de desarrollo de software, una tarjeta puede incluir detalles técnicos, documentos adjuntos y una lista de pasos específicos a seguir.

3. Colaboración en tiempo real

⇨ Trello permite a los miembros del equipo colaborar en tiempo real, asignar tareas a personas específicas y dejar comentarios en las tarjetas para comunicar actualizaciones o resolver dudas.

Por ejemplo, un equipo de diseño gráfico puede usar Trello para planificar una campaña publicitaria, asignando tareas como creación de logotipos, revisión de textos y publicación final.

4. Automatización con Butler

⇨ Trello incluye una herramienta de automatización llamada Butler, que permite configurar reglas para realizar acciones automáticas. Por ejemplo:

➤ Mover tarjetas automáticamente a "Completado" cuando se marcan como terminadas.

➤ Enviar notificaciones por correo electrónico cuando una tarjeta se asigna a un miembro del equipo.

5. Integraciones con otras herramientas

⇨ Trello se integra con una amplia variedad de aplicaciones, como Slack, Google Drive, Microsoft Teams y Evernote, permitiendo conectar flujos de trabajo entre plataformas.

⇨ Esto lo hace ideal para equipos que ya utilizan varias herramientas digitales y necesitan centralizar su gestión de tareas.

6. Versatilidad de uso

⇨ Trello es útil en una amplia gama de contextos, desde la planificación de proyectos complejos hasta el seguimiento de tareas personales. Por ejemplo, un individuo puede usar Trello para organizar un evento personal, como una boda, dividiendo las tareas en categorías como "Contratación de servicios", "Decoración" y "Cronograma".

Trello es una herramienta simple pero poderosa para clasificar, priorizar y gestionar tareas de manera visual, lo que la convierte en una excelente opción para equipos y proyectos de cualquier tamaño.

Obsidian: enfoque avanzado en notas interconectadas para quienes trabajan con grandes volúmenes de información.

Obsidian es una herramienta de toma de notas avanzada diseñada para quienes manejan grandes cantidades de información y necesitan organizarla de manera no lineal. Su principal fortaleza radica en su capacidad para conectar notas a través de enlaces internos, creando una red de conocimiento interconectado.

1. Notas interconectadas

   ⇨ Obsidian permite crear enlaces entre notas, lo que facilita el establecimiento de relaciones entre ideas, conceptos o proyectos.

   ⇨ Por ejemplo, un investigador puede tener una nota sobre "Cambio climático" y enlazarla con otras sobre "Energías renovables" o "Impactos económicos", construyendo un mapa de conocimiento que visualiza cómo se relacionan los temas.

2. Mapas de conocimiento visuales

   ⇨ Una de las características más destacadas de Obsidian es su grafo de conexiones. Este grafo muestra una representación visual de todas las notas interconectadas, ayudando a identificar patrones y relaciones que podrían pasar desapercibidos en una estructura lineal.

   ⇨ Esto es particularmente útil para proyectos complejos, como la escritura de un libro o el desarrollo de investigaciones multidisciplinarias.

3. Markdown como formato base

   - ⇨ Obsidian utiliza Markdown para la creación de notas, un lenguaje de marcado sencillo y ampliamente compatible. Esto asegura que las notas sean portátiles y accesibles incluso fuera de la herramienta.
   - ⇨ Por ejemplo, las notas pueden exportarse fácilmente a otras aplicaciones o publicarse en blogs sin necesidad de conversión adicional.

4. Sincronización y privacidad

   - ⇨ Aunque Obsidian puede sincronizarse mediante servicios en la nube, también permite trabajar de manera completamente local, lo que garantiza un mayor control sobre la privacidad de la información.
   - ⇨ Esta característica lo hace ideal para usuarios que manejan datos confidenciales o que prefieren evitar la dependencia de plataformas en línea.

5. Extensiones y personalización

   - ⇨ Obsidian cuenta con una amplia gama de complementos que amplían sus capacidades, desde herramientas para gráficos avanzados hasta integraciones con calendarios.
   - ⇨ Los usuarios pueden personalizar completamente su entorno de trabajo, adaptando la interfaz y las funcionalidades a sus necesidades.

6. Casos de uso

   - ⇨ **Investigación académica:** Los académicos pueden utilizar Obsidian para construir una red de notas relacionadas con temas de estudio, vinculando conceptos y referencias bibliográficas.
   - ⇨ **Escritura creativa:** Autores y guionistas pueden usar Obsidian para desarrollar personajes, tramas y temas, enlazando ideas para mantener coherencia en sus historias.

⇨ **Gestión de conocimiento personal:** Profesionales que necesitan gestionar y organizar información compleja, como consultores o estrategas, encuentran en Obsidian una herramienta invaluable para estructurar y acceder a su conocimiento.

Obsidian es una solución poderosa para quienes buscan ir más allá de las notas lineales y explorar conexiones profundas entre ideas. Su enfoque avanzado y personalizable lo convierte en una herramienta imprescindible para investigadores, escritores y profesionales que trabajan con grandes volúmenes de información.

2.6. Google Keep y Joplin

Google Keep: notas rápidas y listas con sincronización en Google Drive.

Google Keep es una aplicación sencilla y ligera diseñada para la toma de notas rápidas y la creación de listas, con una integración perfecta en el ecosistema de Google. Su simplicidad y accesibilidad la convierten en una herramienta ideal para gestionar ideas y tareas de forma instantánea.

1. Toma de notas rápidas

⇨ Google Keep permite crear notas de texto de manera ágil, ideal para capturar pensamientos espontáneos o recordatorios importantes.

⇨ Las notas pueden enriquecerse con imágenes, dibujos a mano alzada y grabaciones de audio, lo que aumenta su versatilidad para distintas situaciones.

2. Creación de listas

⇨ Una de las funcionalidades más utilizadas de Google Keep es la creación de listas de verificación. Por ejemplo, los usuarios pueden hacer listas de tareas, listas de compras o cualquier tipo de enumeración que requiera seguimiento.

⇨ Las listas permiten marcar elementos completados, ofreciendo una experiencia interactiva y motivadora.

3. Integración con Google Drive

⇨ Todas las notas de Google Keep se sincronizan automáticamente con Google Drive, asegurando que estén accesibles desde cualquier dispositivo con una cuenta de Google.

⇨ Esto facilita la portabilidad y la continuidad del trabajo entre dispositivos, como teléfonos, tabletas y computadoras.

4. Organización sencilla

⇨ Aunque Google Keep no tiene una estructura jerárquica compleja, permite organizar notas mediante colores y etiquetas.

⇨ Estas opciones ayudan a clasificar rápidamente las notas según su temática o prioridad.

5. Colaboración y recordatorios

⇨ Las notas pueden compartirse con otros usuarios de Google, fomentando la colaboración en equipo o en proyectos personales.

⇨ También permite establecer recordatorios basados en tiempo o ubicación, por ejemplo: "Comprar leche cuando llegue al supermercado".

6. Accesibilidad y simplicidad

⇨ La interfaz de Google Keep es minimalista e intuitiva, lo que facilita su uso para personas de cualquier nivel técnico. Es perfecta para quienes necesitan una solución básica y rápida para la gestión de información diaria.

Google Keep es una herramienta eficiente y directa para quienes buscan capturar ideas o gestionar tareas sin necesidad de configuraciones complejas.

Joplin: una alternativa de código abierto para la organización de notas con énfasis en la privacidad.

Joplin es una herramienta de toma de notas y gestión de información que se destaca por ser de código abierto, permitiendo a los usuarios tener un mayor control sobre su privacidad y datos. Es ideal para quienes buscan una solución versátil, segura y personalizable.

1. Gestión de notas y tareas

   ⇨ Joplin permite crear notas en texto enriquecido o en formato Markdown, lo que facilita la organización de ideas y contenido de manera estructurada.

   ⇨ Además, incluye funcionalidades para gestionar tareas pendientes, con listas de verificación que se pueden integrar dentro de las notas.

2. Privacidad y almacenamiento local

   ⇨ A diferencia de otras aplicaciones basadas en la nube, Joplin ofrece la opción de almacenar las notas localmente en el dispositivo del usuario, garantizando un mayor control sobre la privacidad.

   ⇨ También es compatible con servicios de sincronización como Nextcloud, Dropbox y OneDrive, permitiendo a los usuarios elegir dónde se guardan sus datos.

3. Importación y exportación de datos

   ⇨ Joplin facilita la importación de notas desde otras aplicaciones, como Evernote, mediante archivos de exportación estándar. Esto la convierte en una alternativa viable para quienes desean migrar a una herramienta de código abierto.

- ⇨ Las notas también pueden exportarse en varios formatos, como Markdown o PDF, para compartirlas o archivarlas.

4. Organización avanzada

   - ⇨ Las notas pueden clasificarse en libretas y etiquetarse para facilitar su búsqueda y acceso.

   - ⇨ La búsqueda avanzada incluye reconocimiento de texto dentro de los documentos y notas, mejorando la eficiencia al trabajar con grandes volúmenes de información.

5. Compatibilidad multiplataforma

   - ⇨ Joplin está disponible para sistemas operativos Windows, macOS, Linux, Android e iOS, lo que asegura su accesibilidad desde cualquier dispositivo.

   - ⇨ Ofrece una interfaz sencilla, pero altamente personalizable, que permite a los usuarios adaptarla a sus necesidades específicas.

6. Código abierto y comunidad activa

   - ⇨ Al ser de código abierto, Joplin tiene una comunidad de desarrolladores activa que constantemente mejora la herramienta y agrega nuevas funcionalidades. Esto lo hace especialmente atractivo para usuarios técnicos o entusiastas de la tecnología.

Joplin es una opción robusta y segura para la gestión de notas y tareas, especialmente para quienes valoran la privacidad y desean evitar la dependencia de plataformas comerciales.

2.7. Conclusión

El uso de herramientas digitales para organizar y clasificar información ofrece beneficios significativos tanto en el ámbito personal como en el profesional.

Estas herramientas facilitan la gestión eficiente de datos, ahorran tiempo y mejoran la productividad al permitir un acceso rápido y ordenado a la información relevante.

Entre sus principales ventajas destacan:

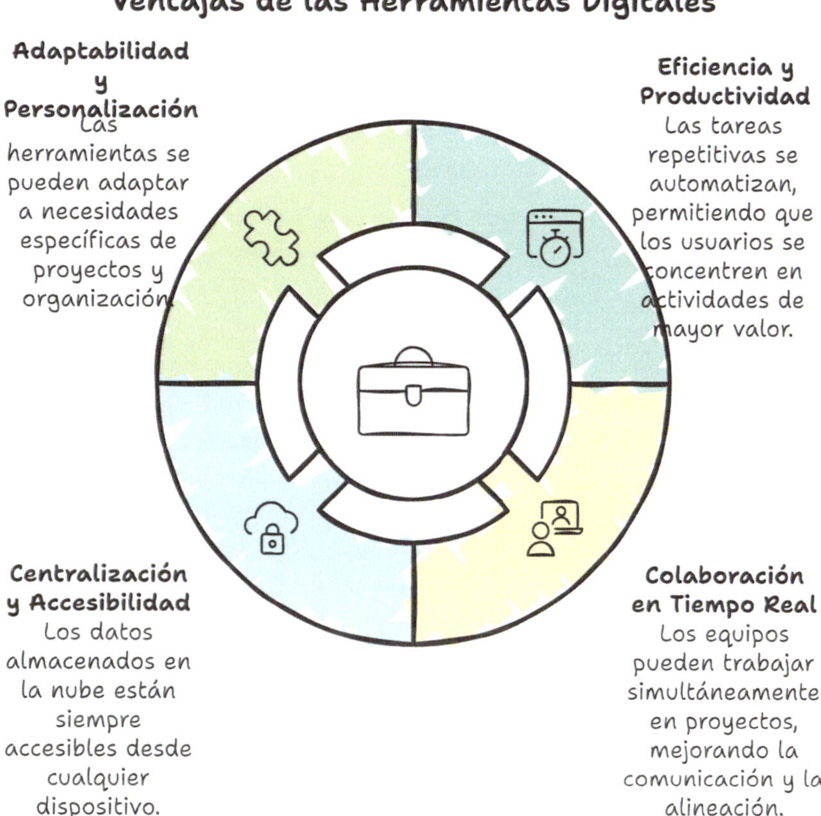

1. Eficiencia y productividad

   ⇨ Las herramientas digitales automatizan tareas repetitivas, como la clasificación de datos o la creación de bibliografías, permitiendo a los usuarios centrarse en actividades de mayor valor.

2. Colaboración en tiempo real

   ⇨ Plataformas como Google Sheets, Trello o Notion permiten a equipos trabajar simultáneamente en proyectos, mejorando la comunicación y asegurando que todos los miembros estén alineados con los objetivos.

3. Centralización y accesibilidad

   ⇨ Al almacenar información en la nube, estas herramientas aseguran que los datos estén siempre accesibles desde cualquier dispositivo, eliminando barreras de tiempo o lugar.

4. Adaptabilidad y personalización

   ⇨ Herramientas como Airtable y Obsidian se pueden personalizar para adaptarse a necesidades específicas, ya sea la gestión de proyectos complejos, el análisis de datos o la organización de ideas creativas.

Reflexión sobre la importancia de elegir herramientas según necesidades y objetivos específicos

Aunque existen múltiples herramientas digitales con funcionalidades similares, no todas son adecuadas para todos los usuarios o proyectos. Elegir la herramienta correcta requiere una evaluación cuidadosa de las necesidades y objetivos específicos, teniendo en cuenta factores como:

1. El tipo de información a gestionar

   ⇨ Herramientas como Zotero o Mendeley son ideales para la gestión de referencias bibliográficas, mientras que Google Keep o OneNote son más adecuadas para notas rápidas y tareas diarias.

2. La complejidad del proyecto

   ⇨ Para proyectos sencillos, herramientas como Google Sheets pueden ser suficientes, pero para flujos de trabajo más avanzados, opciones como Notion o Airtable ofrecen mayores capacidades.

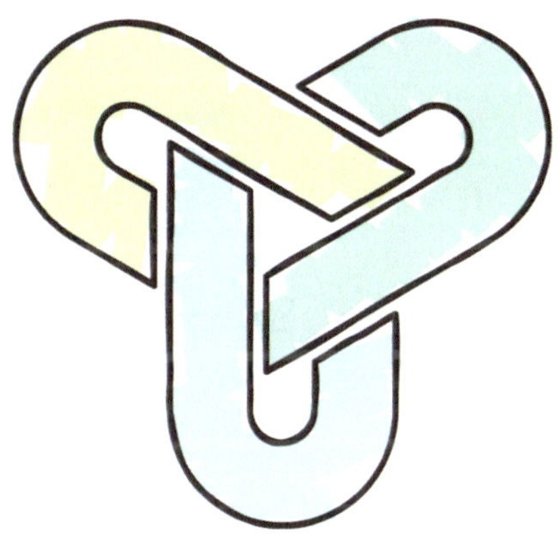

3. Privacidad y control de datos

   ⇨ En contextos donde la privacidad es clave, herramientas de código abierto como Joplin o plataformas que permiten almacenamiento local son preferibles.

Asegurando la Privacidad de los Datos

Almacenamiento Local

Permite control físico sobre los datos

Herramientas de Código Abierto

Ofrecen transparencia y personalización

4. Facilidad de uso y ecosistema existente

   ⇨ Herramientas como Microsoft Excel y OneNote son ideales para usuarios que ya están familiarizados con el ecosistema de Microsoft, mientras que Google Keep y Google Sheets son perfectas para quienes trabajan en el entorno de Google.

Herramientas de Productividad Basadas en el Ecosistema

Google Sheets
Una herramienta de hoja de cálculo para el entorno de Google

Microsoft Excel
Una herramienta de hoja de cálculo popular para usuarios de Microsoft

Google Keep

Una aplicación de notas para usuarios de Google

Microsoft OneNote
Una herramienta de toma de notas para el ecosistema de Microsoft

Al adoptar una herramienta digital, no solo es importante considerar sus características técnicas, sino también cómo encaja en los flujos de trabajo y necesidades del usuario. La correcta elección puede marcar la diferencia entre una gestión eficiente y una experiencia frustrante.

3. MANEJO BÁSICO DEL ALMACENAMIENTO DE LA INFORMACIÓN EN FICHEROS

3.1. Introducción

En la era digital, donde la información se genera y almacena en grandes cantidades, las técnicas de organización son esenciales para mantener el control sobre los datos. Estas técnicas no solo facilitan el acceso a la información, sino que también optimizan el uso de herramientas digitales y garantizan la seguridad y el orden en los entornos personales y profesionales.

Organizar datos y documentos de manera adecuada permite ahorrar tiempo, evitar redundancias y minimizar el riesgo de pérdida de información. Por ejemplo, una estructura clara de carpetas o el uso de etiquetas facilita la búsqueda de un archivo específico, mientras que una base de datos bien diseñada mejora la gestión de grandes volúmenes de información. Además, adoptar formatos de archivo adecuados asegura que los datos se conserven y sean accesibles a largo plazo.

En contextos laborales, estas técnicas son indispensables para cumplir con regulaciones, colaborar eficientemente en equipo y tomar decisiones fundamentadas. Por su parte, en el ámbito personal, permiten administrar mejor recursos como fotos, archivos financieros o documentos educativos.

Cómo estas técnicas mejoran la accesibilidad, eficiencia y seguridad de los datos

1. Accesibilidad

   ⇨ Una organización eficiente asegura que los datos sean fáciles de encontrar y recuperar. Por ejemplo, un sistema de carpetas jerárquico o el uso de etiquetas en herramientas digitales permite localizar documentos rápidamente, sin necesidad de buscar manualmente entre múltiples archivos.

2. Eficiencia

   ⇨ Las técnicas de organización eliminan redundancias y reducen el tiempo necesario para gestionar la información. Bases de datos automatizadas y clasificaciones claras optimizan los flujos de trabajo, lo que resulta en una mayor productividad.

3. Seguridad

   ⇨ Un buen sistema de organización incluye estrategias para proteger los datos, como el uso de formatos de archivo seguros, la clasificación de información sensible y la implementación de copias de seguridad. Esto reduce el riesgo de pérdida o acceso no autorizado a la información.

Adoptar estas técnicas no solo mejora la experiencia diaria de manejo de información, sino que también prepara a los usuarios para

3.2. Uso de carpetas

Estrategias para crear una jerarquía de carpetas eficiente.

Una jerarquía de carpetas bien diseñada es esencial para mantener la información digital organizada, accesible y segura. Este sistema ayuda a reducir el tiempo dedicado a buscar documentos, evitar duplicados y mantener un entorno de trabajo limpio. A continuación, se detallan estrategias prácticas para crear una estructura eficiente, acompañadas de ejemplos claros pero concisos.

1. Categorización inicial

   Comienza con carpetas de alto nivel que representen las principales áreas de tu vida o trabajo, como Personal, Trabajo, Estudios o Proyectos. Esto sirve como base para desglosar la información en categorías más específicas.

   ⇨ **Ejemplo:**

   - Personal
   - Trabajo
   - Estudios

2. Organización por tipo de contenido

   Dentro de cada categoría, crea subcarpetas para organizar los documentos según su tipo: Facturas, Informes, Presentaciones, etc.

   Esto funciona especialmente bien para archivos con formatos recurrentes.

   ⇨ **Ejemplo en la carpeta Trabajo:**

   - Proyectos
   - Facturas
   - Contratos
   - Informes

3. Agrupación por proyectos o temas

   Cuando trabajas en múltiples proyectos o estudias diversos temas, agrupa los archivos en carpetas específicas para cada uno. Esto mantiene la información segmentada y evita confusiones.

   ⇨ **Ejemplo en la carpeta Estudios:**

   - Curso_MarketingDigital
   - Tesis
   - Seminarios

4. Incorporación de fechas

   Usar fechas en los nombres de carpetas o archivos permite ordenar cronológicamente la información y facilita el seguimiento de versiones o eventos.

   ⇨ **Ejemplo en la carpeta Proyectos:**

   - Lanzamiento_App_2024-05
   - Conferencia_Ventas_2024-10

5. **Sistema combinado:** temas y fechas

   Combinar temas y fechas en una estructura clara ayuda a mantener un registro ordenado, especialmente en proyectos que evolucionan con el tiempo.

   ⇨ **Ejemplo en la carpeta Personal:**

   Salud

   - Citas_Médicas
   - Resultados_2023-2024

   Finanzas

   - Facturas
   - Impuestos_2024

6. Carpetas temporales

   Crea una carpeta llamada "Por organizar" para almacenar documentos nuevos que aún no tienen una ubicación definida. Revisa esta carpeta semanal o mensualmente para mantener el sistema limpio.

   ⇨ **Ejemplo:**

   Trabajo

   - Por_Organizar
   - Informes
   - Presentaciones

7. Incluir carpetas de archivo

   Archiva información antigua o menos relevante en carpetas específicas para evitar saturar las áreas activas de trabajo.

   ⇨ **Ejemplo:**

Proyectos

- Activos
- Archivados

Ejemplo práctico: organización de documentos en un proyecto profesional.

Imaginemos un equipo de diseño que trabaja en un proyecto para un cliente llamado ClienteXYZ, con el objetivo de desarrollar un sitio web.

La jerarquía de carpetas para organizar la información del proyecto podría ser la siguiente:

1. Carpeta raíz del proyecto

   Comienza con una carpeta principal que contenga todos los documentos relacionados con el proyecto.

   ⇨ **Nombre:** Proyecto_ClienteXYZ

2. Subcarpetas principales por categorías

   Dentro de la carpeta raíz, crea subcarpetas que representen las áreas clave del proyecto, como documentación, diseños y comunicación.

   ⇨ **Estructura:**

   Proyecto_ClienteXYZ

   - Documentación
   - Diseños
   - Comunicación
   - Entregables

3. Estructura interna de las subcarpetas

   Cada subcarpeta puede contener divisiones específicas para organizar mejor los archivos:

- Documentación
    - ⇨ Contiene contratos, propuestas y referencias relevantes.
    - ⇨ **Ejemplo:**

      Documentación

        - Contrato
        - Propuesta_ClienteXYZ.docx
        - Referencias
- Diseños
    - ⇨ Separa los archivos según su estado o propósito (bocetos, revisiones, finales).
    - ⇨ **Ejemplo:**

      Diseños

        - Bocetos
        - Revisiones
        - Versiones_Finales
- Comunicación
    - ⇨ Incluye actas de reuniones, correos importantes y chats de seguimiento.
    - ⇨ **Ejemplo:**

      Comunicación

        - Reuniones
        - Acta_Reunión_2024-01-15.docx
        - Emails
        - Chats

- Entregables
  - ⇨ Contiene los archivos finales entregados al cliente, organizados por tipo o versión.
  - ⇨ **Ejemplo:**

    Entregables

    - Wireframes.pdf
    - Sitio_Web_Fase1.zip
    - Manual_Usuario.docx

4. Uso de nombres descriptivos

   Para cada archivo dentro de las carpetas, utiliza nombres consistentes y claros. Por ejemplo:

   - ⇨ En lugar de Final1.docx, usa: Propuesta_ClienteXYZ_V1_2024.docx.
   - ⇨ En lugar de DiseñoFinal.png, usa: Logo_ClienteXYZ_Final_2024.png.

5. Carpeta temporal para archivos en progreso

   Crea una carpeta llamada Por_Organizar o En_Progreso dentro de la raíz del proyecto, para almacenar archivos que aún no están clasificados.

   - ⇨ **Ejemplo:**
     - markdown
     - Copiar código

     Proyecto_ClienteXYZ

     - Por_Organizar
     - Notas.txt
     - Screenshot.png

Resultado final

La estructura completa del proyecto quedaría así:

- Proyecto_ClienteXYZ
  - Documentación
    - Contrato
    - Propuesta_ClienteXYZ.docx
    - Referencias
  - Diseños
    - Bocetos
    - Revisiones
    - Versiones_Finales
  - Comunicación
    - Reuniones

      Acta_Reunión_2024-01-15.docx
    - Emails
    - Chats
  - Entregables
    - Wireframes.pdf
    - Sitio_Web_Fase1.zip
    - Manual_Usuario.docx
  - Por_Organizar

Este sistema garantiza que todos los miembros del equipo puedan acceder rápidamente a la información necesaria, sin perder tiempo buscando entre archivos desorganizados. Además, facilita el seguimiento de cada etapa del proyecto, desde la propuesta inicial hasta la entrega final.

Ventajas y limitaciones de este enfoque.

Ventajas

1. Estructura clara y lógica

   ⇨ Las carpetas proporcionan un marco visual y jerárquico para clasificar la información, lo que facilita el acceso a documentos específicos.

   ⇨ Por ejemplo, en un proyecto profesional, una carpeta organizada puede reducir significativamente el tiempo dedicado a buscar archivos.

2. Simplicidad y universalidad

   ⇨ Este enfoque no requiere herramientas especializadas y es compatible con cualquier sistema operativo o plataforma.

   ⇨ Ideal para usuarios que buscan una solución básica y fácil de implementar.

3. Flexibilidad para personalización

⇨ Las carpetas pueden adaptarse a las necesidades del usuario, permitiendo una amplia variedad de estructuras según los tipos de proyectos o información.

4. Facilidad para compartir información

⇨ Las carpetas organizadas pueden compartirse fácilmente con otros usuarios, especialmente en plataformas de almacenamiento en la nube como Google Drive o OneDrive.

5. Control de versiones y seguimiento

⇨ Al usar nombres descriptivos y fechas en los archivos y carpetas, es sencillo realizar un seguimiento de versiones y cambios realizados en los documentos.

Limitaciones

1. Dificultad con grandes volúmenes de información

⇨ En proyectos con miles de archivos, las carpetas pueden volverse inmanejables si no se implementa una estructura clara o si crecen demasiado en profundidad.

2. Falta de búsquedas avanzadas

⇨ A diferencia de las herramientas que usan etiquetas o bases de datos, las carpetas no permiten búsquedas complejas basadas en múltiples criterios (como palabras clave o propiedades del archivo).

3. Requiere disciplina

⇨ Mantener una estructura organizada exige un esfuerzo constante. Si los usuarios no respetan el sistema, las carpetas pueden llenarse de archivos desorganizados rápidamente.

4. Limitaciones en colaboración

⇨ Aunque las carpetas pueden compartirse, su funcionalidad colaborativa es limitada en comparación con herramientas específicas como Notion o Trello.

5. Problemas de duplicidad

⇨ En sistemas manuales, es fácil que se dupliquen archivos o que surjan inconsistencias entre versiones, especialmente en entornos colaborativos.

El uso de carpetas es una técnica fundamental para la organización de información y funciona de manera eficiente en contextos de volumen moderado o con usuarios disciplinados.

Sin embargo, cuando se manejan grandes cantidades de datos o se requiere colaboración avanzada, puede ser útil complementarlas con otras herramientas, como bases de datos o sistemas de etiquetas.

3.3. Etiquetas para clasificar información

Qué son las etiquetas y cómo utilizarlas en herramientas digitales.

Las etiquetas son una técnica poderosa para clasificar y organizar información en entornos digitales. A diferencia de las carpetas, que funcionan como contenedores fijos, las etiquetas son palabras clave o categorías asignadas a archivos, notas, correos electrónicos u otros elementos, permitiendo agrupar y encontrar información basada en múltiples criterios.

Características principales de las etiquetas:

1. Flexibilidad

   ⇨ Un mismo archivo o elemento puede tener varias etiquetas, lo que permite clasificarlo en múltiples categorías sin necesidad de duplicarlo.

   ⇨ Por ejemplo, un documento de planificación financiera puede etiquetarse como "Finanzas", "2024" y "Presupuesto", facilitando su búsqueda desde cualquiera de estas perspectivas.

2. Búsquedas avanzadas

   ⇨ Las etiquetas permiten realizar búsquedas rápidas y específicas dentro de grandes volúmenes de información. Al filtrar por una o más etiquetas, los usuarios pueden encontrar rápidamente lo que necesitan.

   ⇨ Por ejemplo, en Google Keep, puedes filtrar notas etiquetadas como "Tareas pendientes" para ver únicamente las relacionadas con ese tema.

3. Compatibilidad con herramientas digitales

   ⇨ Las etiquetas son una característica común en muchas plataformas, como Google Drive, Evernote, Trello y sistemas de correo electrónico como Gmail.

   ⇨ En Gmail, los correos electrónicos se pueden etiquetar con nombres como "Facturas", "Clientes" o "Proyectos", facilitando la organización sin moverlos de la bandeja de entrada.

Ventajas de las etiquetas:

- ⇨ **Organización dinámica:** Los elementos etiquetados pueden agruparse según diferentes criterios sin necesidad de duplicarlos.
- ⇨ **Menor dependencia de una jerarquía fija:** A diferencia de las carpetas, las etiquetas permiten clasificar la información de manera más fluida.
- ⇨ **Adaptabilidad:** Pueden aplicarse a casi cualquier tipo de contenido digital, desde documentos y correos electrónicos hasta fotos y notas.

Desafíos de las etiquetas:

- ⇨ **Exceso de etiquetas:** Si no se gestionan adecuadamente, el sistema de etiquetas puede volverse caótico, dificultando la búsqueda en lugar de facilitarla.
- ⇨ **Falta de estandarización:** En equipos colaborativos, puede ser necesario establecer normas para nombrar y aplicar etiquetas de manera consistente.

Comparación entre etiquetas y carpetas: cuándo usar cada una.

En el mundo digital, las carpetas y las etiquetas son dos estrategias que ayudan a mantener la información organizada, aunque funcionan de manera diferente. Mientras que las carpetas ofrecen una estructura jerárquica, similar a un archivo físico, las etiquetas proporcionan una forma más dinámica de clasificar y encontrar información. Elegir entre una u otra, o combinarlas, depende de cómo interactuemos con nuestros datos y de las herramientas que utilicemos.

Las carpetas son perfectas para quienes prefieren una organización clara y fija. Si tienes un proyecto profesional, por ejemplo, puedes dividirlo en carpetas como "Documentación", "Diseños" y "Entregables". Esta estructura ayuda a mantener cada tipo de archivo en su lugar, facilitando el acceso directo sin necesidad de realizar búsquedas complejas. Sin embargo, este sistema puede quedarse corto si un archivo encaja en más de una categoría, ya que solo puede estar ubicado en una carpeta a la vez.

Por otro lado, las etiquetas ofrecen una mayor flexibilidad. Imagina que estás organizando correos electrónicos relacionados con "Facturas" y "Cliente XYZ". En lugar de decidir en qué carpeta colocarlos, las etiquetas te permiten clasificar el mismo correo con ambas categorías, "Facturas" y "Cliente XYZ". Así, puedes encontrarlo fácilmente al buscar cualquiera de estas etiquetas, sin necesidad de duplicar el archivo. Esta funcionalidad es especialmente útil en herramientas como Gmail o Evernote, donde la información se dispersa en múltiples áreas.

Otro aspecto importante es la búsqueda y accesibilidad. Con carpetas, navegar entre niveles jerárquicos puede ser lento, especialmente si no recuerdas exactamente dónde guardaste un archivo. En cambio, las etiquetas permiten realizar búsquedas rápidas y específicas. Basta con escribir la palabra clave correspondiente para filtrar la información relevante, lo que resulta ideal cuando manejas grandes volúmenes de datos.

En entornos colaborativos, las carpetas tienen la ventaja de proporcionar una estructura fija que todos los miembros del equipo pueden seguir. Por ejemplo, en un proyecto grupal, una jerarquía clara asegura que todos trabajen con el mismo sistema. Sin embargo, las etiquetas también tienen su lugar en este contexto, ya que permiten clasificar elementos con criterios específicos como "Pendiente", "En revisión" o "Finalizado", sin importar dónde se encuentren almacenados los archivos.

En definitiva, las carpetas son ideales para almacenar datos a largo plazo o cuando necesitas una estructura sólida y predecible. Por su parte, las etiquetas brillan en situaciones dinámicas, donde la información debe clasificarse desde diferentes perspectivas y las búsquedas rápidas son clave. Combinar ambos sistemas es, a menudo, la mejor estrategia: las carpetas pueden servir como base para almacenar la información, mientras que las etiquetas ofrecen un nivel adicional de flexibilidad y rapidez.

Ejemplo práctico: Comparación entre etiquetas y carpetas

Supongamos que trabajas en un proyecto relacionado con el desarrollo de una aplicación móvil para un cliente llamado ClienteXYZ. Durante el proyecto, generas diferentes tipos de documentos: propuestas iniciales, diseños, correos de seguimiento, y facturas. Aquí es donde entra en juego la comparación entre etiquetas y carpetas.

Usando carpetas:

Decides crear una estructura jerárquica fija para organizar los archivos del proyecto. Tu sistema de carpetas se vería algo así:

- Proyecto_ClienteXYZ
  - Propuestas
    - Propuesta_Inicial.docx
  - Diseños
    - Mockup_V1.png
    - Mockup_V2.png
  - Facturas
    - Factura_001.pdf
  - Comunicaciones
    - Email_Seguimiento_2024-01-10.eml
- **Ventajas:**
  - Los archivos están organizados claramente por categoría. Si necesitas buscar una propuesta o un diseño, sabes exactamente dónde ir.
  - Es fácil de implementar y seguir, especialmente si todos los miembros del equipo respetan la estructura.
- **Limitaciones:**
  - Un archivo solo puede pertenecer a una carpeta, lo que puede ser problemático si el mismo documento está relacionado con varias categorías. Por ejemplo, una propuesta con un diseño adjunto podría requerir duplicar el archivo en "Propuestas" y "Diseños".
  - La búsqueda depende de que recuerdes la ubicación exacta del archivo.

Usando etiquetas:

En lugar de organizar los archivos en carpetas, decides usar etiquetas en una herramienta como Gmail, Google Drive o Evernote. Así, cada archivo recibe una o más etiquetas dependiendo de su contenido. Las etiquetas podrían ser:

- Propuesta, Diseño, Factura, ClienteXYZ, Seguimiento.

Aplicando estas etiquetas, podrías clasificar los archivos del proyecto de la siguiente manera:

- **Propuesta_Inicial.docx: Etiquetas:** Propuesta, ClienteXYZ.
- **Mockup_V1.png: Etiquetas:** Diseño, ClienteXYZ.
- **Factura_001.pdf: Etiquetas:** Factura, ClienteXYZ.
- **Email_Seguimiento_2024-01-10.eml: Etiquetas:** Seguimiento, ClienteXYZ.
- **Ventajas:**
  - Un archivo puede tener múltiples etiquetas, lo que permite clasificarlo en varias categorías sin duplicarlo.
  - La búsqueda es más dinámica. Si necesitas todos los documentos relacionados con ClienteXYZ, basta con buscar esta etiqueta, y verás propuestas, diseños, facturas y correos al instante.
- **Limitaciones:**
  - Si no eres consistente al asignar etiquetas (por ejemplo, usas "Propuestas" en lugar de "Propuesta"), el sistema puede volverse caótico.
  - Requiere un esfuerzo inicial para implementar y aprender a utilizar la herramienta correctamente.

Combinando ambos sistemas:

Puedes usar carpetas como base para una estructura sólida y etiquetas para proporcionar mayor flexibilidad.

Por ejemplo:

- Guardas todos los archivos en la carpeta Proyecto_ClienteXYZ.
- Dentro de esa carpeta, aplicas etiquetas específicas para "Propuesta", "Diseño", "Factura", etc.

De este modo, tienes la organización jerárquica de las carpetas para un acceso básico y la versatilidad de las etiquetas para búsquedas rápidas y personalizadas.

Ejemplo práctico: clasificación de correos electrónicos o notas.

La combinación de carpetas y etiquetas puede ser especialmente útil para organizar correos electrónicos o notas digitales. Vamos a explorar un ejemplo práctico usando Gmail para correos electrónicos y Evernote para notas.

Clasificación de correos electrónicos en Gmail

Supongamos que administras correos relacionados con varios proyectos de clientes, como ClienteXYZ y ClienteABC, y que además necesitas gestionar temas como facturación y reuniones. A continuación, te muestro cómo podrías organizar tu bandeja de entrada usando carpetas (categorías en Gmail) y etiquetas.

1. **Uso de carpetas (categorías en Gmail):**

   - **Creas carpetas principales para cada cliente. Por ejemplo:**
     - ClienteXYZ
     - ClienteABC
   - Dentro de estas carpetas, guardas correos relacionados con esos clientes, como acuerdos, solicitudes y actualizaciones.

Ventaja:

- Los correos están claramente separados por cliente. Si necesitas revisar un historial específico, puedes ir directamente a la carpeta correspondiente.

Limitación:

- ⇨ Un correo puede abarcar varios temas (por ejemplo, un correo sobre facturación que también incluye detalles de una reunión). Esto requiere elegir una única carpeta o duplicar el correo.

2. **Uso de etiquetas:**

- ⇨ En lugar de mover los correos a carpetas, usas etiquetas para clasificarlos según múltiples criterios, como:
    - ➤ ClienteXYZ, ClienteABC, Facturación, Reunión.
- ⇨ Un correo relacionado con una reunión de facturación para ClienteXYZ podría recibir tres etiquetas:
    - ➤ ClienteXYZ, Facturación, Reunión.

Ventaja:

- ⇨ Puedes buscar todos los correos etiquetados como "Facturación" para ver documentos relacionados con cualquier cliente.
- ⇨ No necesitas duplicar correos ni decidir en qué categoría encajan mejor.

Limitación:

- ⇨ Si no asignas etiquetas de manera consistente, el sistema puede volverse desorganizado.

3. **Sistema combinado:**

- ⇨ Guardas los correos en carpetas principales (ClienteXYZ, ClienteABC) y aplicas etiquetas adicionales para temas específicos (Facturación, Reunión).
- ⇨ Esto combina la organización estructurada de las carpetas con la versatilidad de las etiquetas.

Clasificación de notas en Evernote

Supongamos que utilizas Evernote para recopilar ideas, apuntes y referencias relacionadas con proyectos laborales.

Puedes usar un sistema similar:

1. **Uso de libretas:**
   - ⇨ Crea libretas específicas para cada proyecto. Por ejemplo:
     - ➤ Libreta: Proyecto_ClienteXYZ
     - ➤ Libreta: Proyecto_ClienteABC
2. **Uso de etiquetas:**
   - ⇨ Dentro de estas libretas, etiqueta las notas según su contenido. Por ejemplo:
     - ➤ "Reunión inicial" → Etiquetas: Reunión, ClienteXYZ.
     - ➤ "Ideas para campaña" → Etiquetas: Ideas, ClienteXYZ.
     - ➤ "Propuesta final" → Etiquetas: Propuesta, ClienteXYZ.
3. **Búsquedas dinámicas:**
   - ⇨ Si necesitas todas las notas relacionadas con reuniones, simplemente busca la etiqueta Reunión, y Evernote mostrará las notas relevantes de todos los proyectos.

Este ejemplo práctico demuestra cómo el uso combinado de carpetas y etiquetas puede optimizar la organización de correos y notas. Las carpetas proporcionan un marco estructural, mientras que las etiquetas añaden flexibilidad para clasificar y buscar información basada en múltiples criterios.

Este sistema es ideal para usuarios que gestionan grandes volúmenes de información y necesitan mantener un orden claro sin sacrificar la accesibilidad.

4. Clasificación de datos en función de los objetivos utilizando una hoja de cálculo, una base de datos o una aplicación específica

4.1. Bases de datos para gestionar grandes volúmenes de información

Cuando se trata de manejar grandes volúmenes de información, las bases de datos son una solución mucho más eficiente y versátil que las carpetas o etiquetas. Aunque estas últimas funcionan bien para organizar y acceder a datos básicos, las bases de datos están diseñadas para manejar información estructurada, relacionarla y realizar análisis avanzados de manera rápida y precisa.

Ventajas de las bases de datos:

1. Capacidad para manejar grandes volúmenes de información

   ⇨ Las bases de datos pueden contener miles o millones de registros sin que esto afecte significativamente su rendimiento. Por ejemplo, una empresa puede gestionar toda su lista de clientes o productos en una sola base de datos.

2. Relaciones entre datos

   ⇨ A diferencia de carpetas o etiquetas, las bases de datos permiten relacionar diferentes conjuntos de información. Por ejemplo, puedes vincular una lista de clientes con sus respectivas facturas y órdenes de compra, lo que facilita el análisis integrado.

3. Búsquedas avanzadas y personalización

   ⇨ Las bases de datos ofrecen herramientas de búsqueda sofisticadas que permiten filtrar, ordenar y visualizar datos de forma personalizada. Por ejemplo, puedes buscar clientes por región, filtrar productos con bajo inventario o generar informes basados en fechas específicas.

4. Reducción de redundancias y errores

- ⇨ Las bases de datos están diseñadas para minimizar la duplicación de datos, mejorando la precisión y consistencia de la información. Esto es especialmente útil en proyectos colaborativos donde múltiples personas acceden y editan los datos.

5. Automatización y análisis

   - ⇨ Con herramientas avanzadas, las bases de datos pueden automatizar tareas repetitivas, como enviar correos electrónicos automáticos o actualizar registros en función de ciertas condiciones. También facilitan la creación de gráficos, reportes y análisis detallados.

6. Escalabilidad y accesibilidad

   - ⇨ Las bases de datos pueden crecer con las necesidades del usuario. Además, muchas bases modernas, como Airtable o MySQL, permiten el acceso desde múltiples dispositivos y la colaboración en tiempo real.

Introducción a las bases de datos simples (Excel, Google Sheets) y avanzadas (Airtable, MySQL).

Las bases de datos son herramientas esenciales para organizar y gestionar información de manera eficiente. Dependiendo de la complejidad del proyecto, podemos elegir entre soluciones simples, como Excel y Google Sheets, o plataformas avanzadas como Airtable y MySQL, que ofrecen una mayor capacidad de personalización, automatización y análisis.

Bases de datos simples: Excel y Google Sheets

Microsoft Excel

Microsoft Excel es, sin duda, una de las herramientas más populares para la gestión de datos debido a su versatilidad y amplia gama de funciones.

Aunque no es una base de datos en el sentido técnico, ofrece características avanzadas que la convierten en una solución válida para gestionar información estructurada.

1. Capacidades de análisis avanzado

   ⇨ Las tablas dinámicas son una de las funciones más poderosas de Excel, permitiendo resumir y analizar grandes cantidades de datos de manera interactiva. Por ejemplo, puedes analizar las ventas de un año por región o producto con solo unos clics.

   ⇨ Gráficos vinculados a datos: Excel permite crear gráficos en tiempo real que se actualizan automáticamente al modificar los datos de origen, ideal para presentaciones o análisis visuales.

2. Automatización con fórmulas y macros

   ⇨ Las funciones lógicas como SI o BUSCARV ayudan a categorizar y conectar datos, mientras que las macros permiten automatizar procesos repetitivos, como generar reportes semanales o limpiar datos.

3. Escalabilidad limitada

   ⇨ Aunque puede manejar cientos de miles de filas, trabajar con datos muy grandes en Excel tiende a ralentizar el rendimiento, lo que lo hace poco adecuado para bases de datos masivas.

Google Sheets

Google Sheets

Google Sheets ofrece muchas de las capacidades de Excel, pero con la ventaja de estar basado en la nube, lo que habilita la colaboración en tiempo real.

1. Colaboración en tiempo real

    ⇨ Varios usuarios pueden trabajar simultáneamente en la misma hoja, viendo cambios en tiempo real. Esto es invaluable para equipos distribuidos que necesitan actualizar datos constantemente.

2. Integración con otras herramientas de Google

    ⇨ Google Sheets se conecta fácilmente con Google Forms para recopilar datos, Google Analytics para análisis de tráfico web, y App Scripts para automatizar tareas personalizadas.

3. Funciones avanzadas

    ⇨ La función QUERY permite realizar búsquedas y filtrados complejos similares a una base de datos SQL, lo que amplía su utilidad para análisis más sofisticados.

4. Limitaciones en datos masivos

    ⇨ Aunque puede manejar una cantidad considerable de información, no es adecuado para bases de datos altamente escalables o que requieren relaciones entre diferentes tablas.

Ejemplo de uso combinado (Excel y Google Sheets): Una pequeña empresa podría usar Google Sheets para recopilar datos de encuestas de clientes a través de un formulario y luego exportar los datos a Excel para realizar análisis más profundos con tablas dinámicas y gráficos avanzados.

Bases de datos avanzadas: Airtable y MySQL

Airtable

Airtable combina la simplicidad de una hoja de cálculo con la potencia de una base de datos relacional. Es especialmente útil para proyectos colaborativos que requieren flexibilidad y visualización.

1. Relaciones entre tablas

   ⇨ En Airtable, puedes conectar tablas para establecer relaciones lógicas entre diferentes conjuntos de datos. Por ejemplo, una tabla de "Clientes" puede estar vinculada a otra de "Pedidos", permitiendo rastrear todas las compras realizadas por cada cliente.

2. Vistas personalizables

   ⇨ Airtable permite crear diferentes vistas de los datos:

      - Tableros Kanban para gestionar tareas.
      - Calendarios para planificación.
      - Galerías para visualizar elementos visuales como productos o diseños.

3. Automatización y extensiones

   ⇨ Con las herramientas de automatización integradas, puedes configurar reglas como enviar un correo electrónico cuando se actualiza un registro o generar recordatorios automáticos para tareas pendientes.

   ⇨ Airtable también ofrece integraciones con plataformas como Slack, Zapier y Google Drive.

4. Casos ideales de uso

   ⇨ Gestión de proyectos, planificación de eventos y seguimiento de clientes.

   ⇨ Por ejemplo, una agencia de marketing puede usar Airtable para vincular campañas, clientes y resultados, todo en un solo lugar.

MySQL

MySQL es una base de datos relacional utilizada principalmente en aplicaciones empresariales y proyectos que requieren manejar grandes volúmenes de datos.

1. Capacidad para manejar datos masivos

   ⇨ MySQL puede gestionar millones de registros, siendo la elección preferida para sistemas de gestión empresarial, comercio electrónico y aplicaciones web.

2. Relaciones y consultas complejas

   ⇨ Utilizando el lenguaje SQL, MySQL permite realizar consultas avanzadas que cruzan múltiples tablas, como encontrar clientes que hayan realizado compras superiores a cierta cantidad en un rango de fechas específico.

3. Seguridad y escalabilidad

   ⇨ Incluye herramientas para gestionar permisos y garantizar la seguridad de los datos, lo que lo convierte en una opción sólida para entornos sensibles como la banca o la salud.

4. Casos ideales de uso

   ⇨ Un ejemplo típico es una tienda en línea que usa MySQL para conectar productos, inventarios y pedidos en tiempo real, asegurando que cada transacción sea registrada y procesada correctamente.

Mientras que Excel y Google Sheets son ideales para principiantes o proyectos más simples, herramientas como Airtable y MySQL ofrecen capacidades avanzadas para gestionar datos a gran escala y realizar análisis complejos.

Elegir una solución adecuada requiere considerar el tamaño del proyecto, las necesidades de colaboración y los conocimientos técnicos disponibles.

Ejemplo práctico: **creación de una base de datos para el seguimiento de clientes o inventarios.**

1. Contexto del ejemplo

   Imaginemos una empresa que ofrece servicios de diseño gráfico. La empresa necesita una base de datos para registrar información sobre sus clientes, rastrear proyectos activos, registrar pagos y generar informes periódicos.

2. **Implementación en herramientas simples:** Google Sheets

   En Google Sheets, puedes crear una tabla sencilla para gestionar los datos de los clientes:

   Estructura de la tabla:

Cliente ID	Nombre del Cliente	Email	Teléfono	Proyecto Activo	Estado del Proyecto	Fecha de Último Pago	Monto Total (€)
001	María López	maria@email.com	678123456	Diseño de logo	En progreso	15/12/2023	500
002	Carlos Pérez	carlos@email.com	654987321	Rediseño de web	Completado	01/12/2023	1200
003	Ana García	ana@email.com	612345678	Branding completo	Pendiente de pago	-	2000

Características:

- **Fórmulas:**
  - Utiliza fórmulas como =SUMAR(SI(...)) para calcular automáticamente el ingreso total o filtrar clientes con pagos pendientes.
- **Filtros:**
  - Usa filtros para buscar clientes específicos o proyectos por estado, como "En progreso" o "Completado".

3. **Implementación en herramientas avanzadas:** Airtable

En Airtable, puedes crear múltiples tablas interconectadas para gestionar la misma información de manera más dinámica:

Estructura en Airtable:

- **Tabla 1: Clientes** | Cliente ID | Nombre del Cliente | Email | Teléfono | País | |------------|--------------------|-----------------|-----------|-----------| | 001 | María López | maria@email.com | 678123456 | España | | 002 | Carlos Pérez | carlos@email.com| 654987321 | México | | 003 | Ana García | ana@email.com | 612345678 | Argentina |
- **Tabla 2: Proyectos** | Proyecto ID | Cliente ID | Proyecto | Estado | Fecha de Inicio | Fecha de Entrega | |-------------|------------|-------------------|------------------|----------------|------------------| | P001 | 001 | Diseño de logo | En progreso | 10/12/2023 | 20/12/2023 | | P002 | 002 | Rediseño de web | Completado | 01/11/2023 | 30/11/2023 | | P003 | 003 | Branding completo | Pendiente de pago| 05/12/2023 | - |
- **Tabla 3: Pagos** | Pago ID | Cliente ID | Proyecto ID | Fecha de Pago | Monto (€) | |---------|------------|-------------|--------------|-----------| | PAY001 | 001 | P001 | 15/12/2023 | 500 | | PAY002 | 002 | P002 | 01/12/2023 | 1200 |

Ventajas en Airtable:

- Relaciones entre tablas:
  - Puedes vincular los registros de clientes con sus proyectos y pagos, evitando la duplicación de información.
- Automatización:
  - Configura reglas para enviar recordatorios automáticos a clientes con pagos pendientes o para notificar al equipo sobre proyectos atrasados.
- Visualización dinámica:
  - Genera vistas personalizadas, como tableros Kanban para gestionar el estado de los proyectos o calendarios para rastrear las fechas de entrega.

4. **Implementación técnica avanzada:** MySQL

En MySQL, puedes replicar la misma base de datos con relaciones robustas y consultas avanzadas.

Estructura de las tablas:

- Clientes

```
CREATE TABLE Clientes (
  ClienteID INT PRIMARY KEY,
  Nombre VARCHAR(255),
  Email VARCHAR(255),
  Telefono VARCHAR(20),
  Pais VARCHAR(50)
);
```

- Proyectos

```
CREATE TABLE Proyectos (
  ProyectoID INT PRIMARY KEY,
  ClienteID INT,
  Proyecto VARCHAR(255),
  Estado VARCHAR(50),
  FechaInicio DATE,
  FechaEntrega DATE,
  FOREIGN KEY (ClienteID) REFERENCES Clientes(ClienteID)
);
```

- Pagos

```
CREATE TABLE Pagos (
  PagoID INT PRIMARY KEY,
  ClienteID INT,
  ProyectoID INT,
  FechaPago DATE,
  Monto DECIMAL(10,2),
  FOREIGN KEY (ClienteID) REFERENCES Clientes(ClienteID),
  FOREIGN KEY (ProyectoID) REFERENCES Proyectos(ProyectoID)
);
```

Consultas avanzadas:

- Clientes con pagos pendientes:

```
SELECT Nombre, Email, Proyecto FROM Clientes
INNER JOIN Proyectos ON Clientes.ClienteID = Proyectos.ClienteID
WHERE Estado = 'Pendiente de pago';
```

- Total de ingresos:

```
SELECT SUM(Monto) AS TotalIngresos FROM Pagos;
```

En este ejemplo, Google Sheets y Excel son soluciones ideales para comenzar con bases de datos simples, mientras que Airtable y MySQL ofrecen escalabilidad y automatización para proyectos más complejos. La elección depende del volumen de datos, las relaciones entre ellos y las necesidades del equipo o empresa.

4.2. Formatos de archivo

Importancia de elegir el formato adecuado para almacenar datos (PDF, DOCX, XLSX, CSV, etc.).

Seleccionar el formato de archivo adecuado para almacenar datos es una decisión crucial en la gestión de información digital. Cada formato tiene características específicas que lo hacen más apropiado para ciertas tareas, ya sea para compartir, editar o archivar información. La elección del formato incorrecto puede ocasionar problemas de compatibilidad, pérdida de datos o dificultades para acceder a la información en el futuro.

1. Compatibilidad

Al elegir un formato de archivo, es importante considerar la compatibilidad con los programas y dispositivos que utilizarán los destinatarios. Por ejemplo:

- ⇨ Los archivos PDF son ideales para compartir documentos que deben mantenerse inalterados, ya que se visualizan de la misma manera en cualquier dispositivo.
- ⇨ Los formatos DOCX o XLSX son perfectos para la edición colaborativa en Microsoft Word y Excel, pero pueden presentar problemas si los destinatarios usan programas diferentes.

2. Accesibilidad a largo plazo

El almacenamiento de datos a largo plazo requiere formatos que garanticen la accesibilidad futura. Por ejemplo:

- ⇨ Los archivos CSV son ideales para bases de datos porque son simples y legibles en cualquier editor de texto, independientemente de las versiones de software.

⇨ Formatos abiertos como ODF (Open Document Format) son preferidos en contextos donde la interoperabilidad y la independencia del software son esenciales.

3. Seguridad y protección

El formato también influye en la seguridad de los datos:

⇨ PDF permite encriptar documentos y restringir ediciones, lo que lo hace ideal para documentos confidenciales.

⇨ Formatos como TXT o CSV son más vulnerables porque no ofrecen protección nativa.

4. Eficiencia del almacenamiento

El tamaño del archivo puede ser un factor importante:

⇨ Los archivos JPEG y PNG son óptimos para imágenes debido a su compresión eficiente, pero los TIFF son mejores cuando se requiere calidad máxima para impresión o edición.

⇨ Archivos comprimidos como ZIP reducen significativamente el espacio de almacenamiento, pero requieren descompresión para su uso.

En resumen, elegir el formato de archivo adecuado no solo facilita el uso inmediato de los datos, sino que también asegura su accesibilidad, seguridad y eficiencia a largo plazo.

Ventajas y desventajas de los formatos comunes.

1. Documentos

♦ PDF (Portable Document Format)

⇨ **Ventajas:**

➤ Conserva el formato del documento original, garantizando que se vea igual en cualquier dispositivo o sistema operativo.

➤ Permite proteger con contraseña y restringir ediciones.

➤ Ideal para archivos que no requieren modificación, como contratos, facturas o manuales.

- **Desventajas:**
  - No es editable sin software específico.
  - Los archivos PDF con muchas imágenes pueden ser grandes y ocupar más espacio de almacenamiento.

- DOCX (Microsoft Word)
  - **Ventajas:**
    - Formato estándar para documentos editables.
    - Compatible con funciones avanzadas de edición, como comentarios y cambios rastreados.
    - Muy utilizado en entornos laborales y académicos.
  - **Desventajas:**
    - Puede haber problemas de compatibilidad al abrir en otros programas, como Google Docs o LibreOffice.
    - No es el formato ideal para documentos finales o no editables.
- TXT (Texto sin formato)
  - **Ventajas:**
    - Extremadamente ligero y compatible con cualquier editor de texto.
    - Ideal para almacenar datos simples o escribir notas rápidas.
  - **Desventajas:**
    - No admite formato ni elementos visuales.
    - Poco práctico para documentos complejos.

2. Datos

- XLSX (Microsoft Excel)
  - **Ventajas:**
    - Permite manejar datos tabulares y realizar análisis avanzados con fórmulas, tablas dinámicas y gráficos.

- Compatible con múltiples herramientas de análisis y visualización.

⇨ **Desventajas:**

- Menor interoperabilidad con software no compatible con Excel.
- Archivos grandes pueden volverse lentos al manejar grandes volúmenes de datos.

♦ CSV (Comma-Separated Values)

⇨ **Ventajas:**

- Formato universal para intercambio de datos tabulares.
- Compatible con prácticamente cualquier software, desde hojas de cálculo hasta bases de datos.
- Ligero y fácil de leer con editores de texto simples.

⇨ **Desventajas:**

- No admite formatos visuales ni fórmulas.
- Almacena datos sin contexto adicional, lo que puede dificultar la interpretación si no está acompañado de documentación.

3. Imágenes y multimedia

♦ JPEG (Joint Photographic Experts Group)

⇨ **Ventajas:**

- Compresión eficiente que reduce significativamente el tamaño del archivo.
- Ideal para fotografías y contenidos web.

⇨ **Desventajas:**

- La compresión con pérdida reduce la calidad de la imagen al editarla varias veces.
- No es adecuado para imágenes con texto o gráficos con líneas finas.

- PNG (Portable Network Graphics)
  - **Ventajas:**
    - Compresión sin pérdida, lo que conserva la calidad original de la imagen.
    - Soporte para transparencias, ideal para diseño gráfico y contenido web.
  - **Desventajas:**
    - Tamaño de archivo mayor que JPEG, especialmente en imágenes grandes.
- TIFF (Tagged Image File Format)
  - **Ventajas:**
    - Alta calidad, ideal para impresión profesional y archivos de diseño.
    - Compatible con capas y metadatos avanzados.
  - **Desventajas:**
    - Archivos muy grandes, lo que los hace poco prácticos para uso web o almacenamiento básico.

Comprender las ventajas y limitaciones de cada formato ayuda a seleccionar el más adecuado según las necesidades específicas. Para documentos finales, PDF es una opción excelente; para datos tabulares, CSV es ideal si buscas portabilidad, mientras que XLSX es perfecto para análisis avanzados. Por otro lado, en imágenes, elegir entre JPEG, PNG o TIFF dependerá de si priorizas la calidad, el tamaño del archivo o la funcionalidad.

Ejemplo práctico: elegir formatos para compartir documentos o almacenar datos a largo plazo.

Seleccionar el formato de archivo adecuado es esencial para garantizar que los datos se compartan y almacenen correctamente, evitando problemas de compatibilidad, pérdida de calidad o inaccesibilidad en el futuro.

A continuación, se presentan ejemplos prácticos que muestran cómo elegir el formato correcto según diferentes escenarios.

1. Compartir documentos para revisión

Escenario: Estás redactando un informe en colaboración con tu equipo y necesitas enviarlo para que lo revisen y hagan comentarios.

⇨ **Formato recomendado:**

- **DOCX (Microsoft Word):** Este formato permite a los colaboradores realizar ediciones, añadir comentarios y realizar un seguimiento de los cambios realizados en el documento.
- **Alternativa:** Google Docs, si el equipo prefiere trabajar en tiempo real en la nube.

⇨ **Razón:** Los formatos editables son más útiles para trabajos colaborativos, ya que facilitan la interacción directa con el contenido.

2. Compartir documentos finales

Escenario: El informe ya está terminado y necesitas enviarlo al cliente o al equipo directivo.

⇨ **Formato recomendado:**

- **PDF:** Este formato asegura que el documento se visualice exactamente como lo diseñaste, independientemente del dispositivo o software del destinatario.

⇨ **Razón:** Los documentos finales suelen necesitar un formato fijo y profesional, que no sea editable para evitar modificaciones accidentales o intencionadas.

3. Almacenar datos para análisis

Escenario: Una empresa quiere almacenar un registro de ventas para realizar análisis futuros.

⇨ **Formato recomendado:**

- **XLSX:** Ideal si se realizarán análisis complejos, como gráficos y tablas dinámicas.
- **CSV:** Perfecto si el objetivo es transferir datos entre sistemas o bases de datos, ya que es ligero y universalmente compatible.

⇨ **Razón:** XLSX es mejor para trabajos continuos dentro de Excel, mientras que CSV es más adecuado para la interoperabilidad entre plataformas.

4. Preservar información a largo plazo

Escenario: Deseas archivar documentos importantes, como contratos o facturas, que necesitarás consultar en el futuro.

⇨ **Formato recomendado:**

- **PDF/A:** Una versión estándar de PDF diseñada específicamente para almacenamiento a largo plazo, garantizando que los archivos sean accesibles incluso décadas después.

⇨ **Razón:** El formato PDF/A incluye toda la información necesaria para su visualización (fuentes, imágenes, etc.) dentro del archivo, eliminando dependencias externas.

5. Compartir imágenes para diferentes usos

Escenario: Estás compartiendo imágenes con diferentes propósitos, como impresión o publicación en redes sociales.

⇨ **Formato recomendado:**

- **PNG:** Para gráficos con texto o fondos transparentes, como logotipos o gráficos.
- **JPEG:** Para fotografías o imágenes de alta resolución que necesiten compresión para ahorrar espacio.
- **TIFF:** Para impresiones de alta calidad o edición profesional.

⇨ **Razón:** Cada formato ofrece ventajas según el uso final de la imagen.

Elegir el formato correcto para cada situación puede ahorrar tiempo y evitar problemas innecesarios. Por ejemplo, usar DOCX en un documento final que no debe modificarse podría dar lugar a errores, mientras que elegir CSV para análisis avanzados en Excel limitaría las capacidades de procesamiento. Conociendo las fortalezas de cada formato, es posible garantizar que los datos cumplan con su propósito de manera eficiente y profesional.

4.3. Conclusión

En este apartado se han explorado diferentes técnicas y herramientas para la organización eficiente de información digital. Cada enfoque presenta ventajas y desafíos, pero juntos ofrecen un sistema integral para gestionar datos en diferentes contextos:

1. **Uso de carpetas:**
   - ⇨ Proporcionan una estructura jerárquica clara y lógica que facilita la organización inicial de documentos.
   - ⇨ Son ideales para proyectos con categorías bien definidas o para almacenar información a largo plazo.
2. **Etiquetas:**
   - ⇨ Ofrecen una organización dinámica y flexible que complementa las carpetas al permitir clasificar un mismo archivo en múltiples categorías.
   - ⇨ Son útiles para búsquedas rápidas y proyectos donde la información necesita agruparse desde diferentes perspectivas.
3. **Bases de datos:**
   - ⇨ Una solución avanzada para manejar grandes volúmenes de datos estructurados, permitiendo relaciones entre conjuntos de información, análisis avanzado y automatización de procesos.
   - ⇨ Herramientas como Excel, Google Sheets, Airtable o MySQL son ejemplos clave que cubren necesidades simples y complejas.
4. **Formatos de archivo:**
   - ⇨ La elección del formato adecuado garantiza la accesibilidad, seguridad y utilidad de los datos según su propósito, ya sea compartir, editar o archivar.
   - ⇨ Formatos como PDF, DOCX, CSV y PNG cumplen roles específicos para documentos, datos y multimedia.

Reflexión sobre la importancia de combinarlas según las necesidades específicas

Ninguna técnica de organización funciona de manera aislada en todos los contextos. La clave para una gestión eficiente de la información radica en combinar estos métodos según las necesidades y objetivos particulares. Por ejemplo:

- Un proyecto complejo puede beneficiarse de una estructura de carpetas para almacenar los documentos base, etiquetas para clasificar rápidamente los archivos importantes, y una base de datos para analizar y relacionar datos críticos.
- En el ámbito personal, las etiquetas pueden ser suficientes para gestionar notas o correos electrónicos, mientras que los archivos importantes deben almacenarse en carpetas bien estructuradas y archivarse en formatos seguros como PDF/A.

La flexibilidad para adaptar estas técnicas a cada situación no solo mejora la productividad, sino que también asegura que la información esté siempre accesible, ordenada y protegida. Al dominar estas herramientas y estrategias, cualquier usuario puede manejar eficazmente la creciente cantidad de datos en el entorno digital actual.

5. Identificación y análisis de funciones básicas de los diferentes sistemas de almacenamiento. Seguridad de datos.

En el entorno digital actual, donde la información fluye constantemente a través de dispositivos y redes, la seguridad de los datos se ha convertido en una prioridad esencial tanto para individuos como para organizaciones. Los datos almacenados digitalmente, ya sean documentos personales, registros financieros o información confidencial de clientes, están expuestos a diversos riesgos, desde ataques cibernéticos hasta pérdidas accidentales.

Principales riesgos y amenazas

1. **Ciberataques:**
    - ⇨ Hackers pueden acceder a datos sensibles mediante técnicas como phishing, malware o ransomware.
    - ⇨ Por ejemplo, un correo electrónico fraudulento podría engañar a un usuario para que comparta sus credenciales.
2. **Pérdida accidental de datos:**
    - ⇨ La eliminación accidental de archivos o fallos en el hardware puede provocar la pérdida de información crucial.
    - ⇨ Esto es particularmente común en dispositivos no respaldados con copias de seguridad.
3. **Riesgos asociados a redes públicas:**
    - ⇨ Las conexiones no seguras, como redes Wi-Fi públicas, pueden ser interceptadas, permitiendo a atacantes robar información transmitida.

4. **Uso indebido por personas no autorizadas:**

   ⇨ Compartir contraseñas o no limitar adecuadamente los permisos de acceso puede exponer información crítica a usuarios no autorizados.

5.1. Técnicas esenciales para proteger datos

1. Copias de seguridad

   Las copias de seguridad, o backups, son una de las medidas más efectivas para prevenir la pérdida de datos importantes. Consisten en duplicar la información y almacenarla en un lugar seguro, permitiendo su recuperación en caso de fallos en el hardware, eliminación accidental o ataques cibernéticos.

   Recomendaciones clave:

   ⇨ **Frecuencia:** Realiza copias de seguridad periódicas (diarias, semanales o mensuales, según la importancia de los datos).

   ⇨ **Tipos de backups:**

   - **Completo:** Copia todos los datos en cada respaldo. Es más seguro, pero requiere más espacio y tiempo.
   - **Incremental:** Solo copia los cambios realizados desde el último backup, optimizando espacio y tiempo.
   - **Diferencial:** Respalda todos los cambios desde el último backup completo.

   Herramientas recomendadas:

   ⇨ **Nube:** Google Drive, OneDrive o Dropbox ofrecen opciones para sincronizar datos automáticamente.

   ⇨ **Local:** Usa discos duros externos o sistemas NAS (almacenamiento conectado en red).

2. Cifrado de datos

   El cifrado convierte los datos en un formato ilegible para cualquier persona que no tenga la clave de descifrado. Esto asegura que, incluso si los archivos son robados, no puedan ser utilizados.

Aplicaciones prácticas:

- ⇨ **Cifrado de dispositivos:** Activa el cifrado en tu ordenador o teléfono (por ejemplo, BitLocker en Windows o FileVault en macOS).
- ⇨ **Cifrado de archivos específicos:** Usa herramientas como VeraCrypt o AxCrypt para proteger documentos sensibles.

Ventaja clave:

El cifrado protege los datos en tránsito (al enviarlos por internet) y en reposo (almacenados en un disco o nube).

3. Contraseñas seguras

Las contraseñas son la primera línea de defensa contra accesos no autorizados. Una contraseña débil puede comprometer incluso los sistemas más seguros.

Buenas prácticas:

- ⇨ Usa contraseñas largas (mínimo 12 caracteres) que incluyan letras mayúsculas, minúsculas, números y símbolos.
- ⇨ Evita usar la misma contraseña para diferentes cuentas.
- ⇨ Cambia las contraseñas regularmente, especialmente para servicios críticos.

Uso de gestores de contraseñas: Herramientas como LastPass, Bitwarden o 1Password almacenan contraseñas de forma segura y generan combinaciones fuertes automáticamente. Esto reduce el esfuerzo de recordar múltiples claves.

5.2. Almacenamiento seguro de datos

1. Almacenamiento en la nube

El almacenamiento en la nube ha ganado popularidad gracias a su accesibilidad y conveniencia. Plataformas como Google Drive, OneDrive, Dropbox o iCloud permiten guardar datos en servidores remotos, lo que facilita acceder a ellos desde cualquier lugar con conexión a internet.

Ventajas:

- ⇨ **Acceso multiplataforma:** Los datos pueden consultarse y editarse desde dispositivos como computadoras, tabletas o teléfonos inteligentes.
- ⇨ **Sincronización automática:** Los cambios realizados en un dispositivo se reflejan automáticamente en todos los demás.
- ⇨ **Protección frente a pérdidas locales:** En caso de daño o robo de un dispositivo, los datos siguen siendo accesibles desde la nube.

Riesgos y recomendaciones:

- ⇨ **Riesgo:** Posibles vulnerabilidades de seguridad en caso de ataques a servidores de la nube.
- ⇨ **Recomendaciones:**
    - ➤ Activa la autenticación en dos pasos para proteger tu cuenta.
    - ➤ Usa cifrado adicional para documentos sensibles antes de subirlos a la nube (herramientas como VeraCrypt son útiles).

2. Almacenamiento local

El almacenamiento local implica guardar los datos en dispositivos físicos, como discos duros, unidades SSD, pendrives o sistemas NAS (almacenamiento conectado en red).

Ventajas:

- ⇨ Mayor control: Los datos no están sujetos a políticas de terceros ni dependen de una conexión a internet.
- ⇨ Rendimiento: Acceso más rápido a archivos grandes, especialmente en entornos profesionales como edición de video o diseño gráfico.

Riesgos y recomendaciones:

- ⇨ **Riesgo:** Vulnerabilidad frente a daños físicos, como fallos de hardware o robos.

⇨ **Recomendaciones:**

- Usa dispositivos con cifrado integrado (como discos duros externos cifrados).
- Implementa copias de seguridad periódicas para mitigar el riesgo de pérdida de datos.

Comparación: Nube vs Local

Característica	Nube	Local
Accesibilidad	Acceso desde cualquier lugar.	Acceso limitado al dispositivo físico.
Seguridad	Depende de la plataforma y cifrado.	Mayor control, pero vulnerable físicamente.
Costo	Suscripción mensual/anual.	Costo único al adquirir el dispositivo.
Capacidad	Limitada al plan contratado.	Depende del dispositivo comprado.

5.3. Prevención de ataques digitales

Protegerse contra ataques digitales es crucial para garantizar la seguridad de los datos almacenados. Las amenazas más comunes, como el phishing, el malware y el uso de redes públicas no seguras, pueden comprometer la información personal y profesional si no se toman medidas preventivas.

1. Phishing y malware

El phishing y el malware son tácticas comunes utilizadas por atacantes para robar información o dañar sistemas.

♦ **Phishing:**

⇨ Qué es: Es el intento de engañar al usuario para que revele información confidencial, como contraseñas o datos bancarios, a través de correos electrónicos o mensajes falsos que parecen legítimos.

⇨ Cómo prevenir:

- Verifica siempre la dirección de correo del remitente.

- No hagas clic en enlaces sospechosos ni descargues archivos adjuntos de remitentes desconocidos.
- Usa filtros de correo para detectar mensajes fraudulentos.

- **Malware:**
  - Qué es: Software malicioso diseñado para infiltrarse en sistemas y dañar o robar datos. Esto incluye virus, ransomware y spyware.
  - Cómo prevenir:
    - Instala un antivirus confiable y manténlo actualizado.
    - Evita descargar programas de fuentes no verificadas.
    - Actualiza regularmente el sistema operativo y las aplicaciones para corregir vulnerabilidades.

2. Buenas prácticas en redes públicas

   El uso de redes Wi-Fi públicas, como las de cafeterías, aeropuertos o bibliotecas, puede exponer tus datos a ataques si no se toman precauciones.

- **Riesgos:**
  - Las redes públicas son propensas a ataques de "interceptación", donde los datos enviados o recibidos pueden ser capturados por un tercero.
- **Recomendaciones:**
  - Usa una VPN (Red Privada Virtual): Esta herramienta cifra la conexión, protegiendo los datos transmitidos incluso en redes no seguras.
  - Evita realizar transacciones sensibles, como acceder a banca en línea o enviar datos confidenciales, mientras estés conectado a redes públicas.
  - Desactiva la opción de conexión automática a redes Wi-Fi.

Resumen

El documento abarca conceptos clave, herramientas y estrategias esenciales para organizar y gestionar información y datos en un entorno digital. Su contenido está estructurado de la siguiente manera:

1. **Conceptos clave:**

   ⇨ Diferenciación entre datos e información, destacando que los datos son elementos brutos que, al ser procesados, se convierten en información significativa.

   ⇨ **Introducción al ciclo básico de gestión de datos:** recopilación, almacenamiento, organización, procesamiento y uso práctico.

   ⇨ Beneficios de la gestión eficiente de datos, como ahorro de tiempo y mejor toma de decisiones, junto con desafíos como la privacidad y el volumen de información.

2. **Herramientas digitales:**

   ⇨ Presentación de herramientas como Microsoft Excel, Google Sheets, Evernote, Zotero, Airtable, Notion, Trello, y otras para organizar y clasificar información.

   ⇨ Comparación entre Microsoft Excel y Google Sheets, destacando diferencias en accesibilidad, funcionalidades avanzadas, integraciones, costo y usabilidad.

   ⇨ Uso de gestores de referencias como Zotero y Mendeley para crear bibliografías organizadas.

3. **Técnicas de organización:**

   ⇨ Estrategias como el uso de carpetas jerárquicas, etiquetas para clasificaciones más dinámicas y bases de datos para manejar grandes volúmenes de información.

   ⇨ Importancia de elegir el formato adecuado para almacenar datos (PDF, DOCX, XLSX, CSV, etc.) y sus ventajas y desventajas según el propósito.

4. **Ejemplos prácticos:**

   ⇨ Aplicaciones de las herramientas y técnicas descritas en casos reales, como organizar proyectos profesionales, gestionar inventarios y trabajar con bibliografías.

   ⇨ Métodos para combinar carpetas, etiquetas y bases de datos en diferentes contextos.

5. **Seguridad de datos:**

   ⇨ Estrategias para proteger la información digital, incluyendo copias de seguridad, cifrado, contraseñas seguras y prevención de ataques como phishing y malware.

   ⇨ Comparación entre almacenamiento en la nube y almacenamiento local, destacando sus ventajas, riesgos y recomendaciones.

6. **Conclusión:**

   ⇨ Refuerzo de la importancia de combinar herramientas y técnicas para mejorar la accesibilidad, seguridad y eficiencia en la gestión de datos.

   ⇨ Reflexión sobre la necesidad de adaptar estas estrategias a las necesidades específicas del usuario.

ICB
EDITORES

MÓDULO

1.3. Análisis, explotación y visualización de datos con funcionalidades sencillas de las herramientas digitales

Contenido de la Unidad

ICB
EDITORES

1. Introducción

1.1. Concepto de análisis de datos

El análisis de datos es un proceso sistemático mediante el cual se examinan, organizan e interpretan conjuntos de datos para extraer información útil que permita tomar decisiones fundamentadas. Este proceso puede realizarse de manera manual o utilizando herramientas digitales que facilitan la manipulación y visualización de los datos.

En un mundo donde el volumen de información crece exponencialmente, el análisis de datos se convierte en una habilidad esencial para filtrar, estructurar y convertir datos en valor. Este enfoque permite a las personas y organizaciones responder a preguntas clave, identificar patrones y predecir tendencias futuras.

El análisis de datos abarca desde la evaluación básica de cifras hasta el desarrollo de modelos complejos que ayudan a comprender mejor fenómenos específicos. Aunque los procesos avanzados pueden ser más técnicos, el análisis básico es accesible para cualquier persona que quiera comenzar a trabajar con datos.

1.1.1. Diferencia entre datos y conocimiento.

Los términos "datos" y "conocimiento" están relacionados, pero representan conceptos distintos dentro del ámbito del análisis de información.

- Datos: Los datos son unidades básicas de información sin procesar. Pueden ser cifras, palabras, fechas, imágenes o cualquier otro tipo de registro que, por sí solos, carecen de un contexto claro o significado directo. Por ejemplo, un listado de números como 45, 78, 22, 90 no ofrece información útil hasta que se coloca en un contexto, como "temperaturas diarias en grados Celsius".

- Conocimiento: El conocimiento se genera al procesar y analizar los datos, convirtiéndolos en información relevante y significativa. Surge cuando los datos son organizados, interpretados y relacionados con un propósito específico. Por ejemplo, analizar los números de temperatura mencionados puede llevar a la conclusión de que "la temperatura promedio durante la semana fue de 58 grados Celsius".

- Este conocimiento puede ayudar a tomar decisiones, como ajustar sistemas de calefacción.

La diferencia clave radica en el nivel de interpretación. Los datos son el punto de partida, pero el conocimiento es el producto final que guía las acciones o estrategias.

En el análisis de datos, la transformación de datos en conocimiento es un paso crítico. Requiere herramientas y habilidades que permitan reconocer patrones, identificar tendencias y extraer conclusiones útiles, lo cual forma parte de la alfabetización digital y la capacidad para trabajar con información en la era moderna.

1.1.2. Tipos de análisis: descriptivo, exploratorio y predictivo.

El análisis de datos puede clasificarse en diferentes tipos según el objetivo y la profundidad del estudio. Los tres enfoques más comunes son el análisis descriptivo, exploratorio y predictivo, cada uno con un propósito específico.

1. Análisis descriptivo

   El análisis descriptivo es el punto de partida del trabajo con datos. Su objetivo principal es resumir y organizar la información para obtener una visión general de los hechos ocurridos. Se utiliza para responder preguntas como "¿Qué sucedió?" o "¿Cómo están distribuidos los datos?".

   Ejemplo: Calcular el promedio de ventas mensuales de un producto o identificar el porcentaje de clientes por región.

   Herramientas como tablas, gráficos simples y estadísticas básicas (promedios, medianas, frecuencias) son comunes en este tipo de análisis.

2. Análisis exploratorio

   Este enfoque busca identificar patrones, relaciones o tendencias dentro de los datos, sin tener hipótesis predefinidas. Es ideal para encontrar conexiones inesperadas o preguntas nuevas para explorar. Responde a preguntas como "¿Qué patrones existen?" o "¿Qué variables están relacionadas?".

Ejemplo: Analizar si existe una relación entre las horas de trabajo y la productividad en un equipo.

Herramientas como diagramas de dispersión, análisis de correlación o gráficos más avanzados son útiles en este tipo de análisis.

3. Análisis predictivo

   El análisis predictivo se enfoca en predecir resultados futuros basándose en datos históricos. Responde a preguntas como "¿Qué podría suceder en el futuro?" o "¿Cuáles son las probabilidades de que ocurra un evento?".

   Ejemplo: Predecir las ventas del próximo trimestre en función de los datos de ventas pasadas.

Este tipo de análisis puede requerir herramientas más complejas, como modelos estadísticos, algoritmos de aprendizaje automático o software especializado, aunque una introducción básica puede lograrse con funciones simples en herramientas accesibles.

Progresión de Tipos de Análisis de Datos

Análisis Predictivo

Predecir resultados futuros basándose en datos históricos.

Análisis Exploratorio

Identificar patrones y tendencias dentro de los datos.

Análisis Descriptivo

Resumir y organizar datos para obtener información general.

Cada uno de estos enfoques juega un papel importante en el análisis de datos. Mientras que el análisis descriptivo se utiliza para entender lo que ha sucedido, los análisis exploratorio y predictivo amplían la perspectiva, permitiendo descubrir nuevas preguntas y anticipar el futuro.

1.2. Importancia del análisis de datos en la era digital

1.2.1. El rol de los datos en la toma de decisiones.

En la era digital, los datos se han convertido en el eje central para la toma de decisiones, ya que permiten a las personas y organizaciones basar sus acciones en información objetiva y fundamentada. En lugar de depender únicamente de la intuición o la experiencia, el análisis de datos proporciona una base sólida para elegir estrategias y evaluar su efectividad.

La evolución del rol de los datos

Históricamente, las decisiones se tomaban a partir de observaciones empíricas y tendencias generales, pero con el aumento de la digitalización y el acceso a grandes volúmenes de información, este paradigma ha cambiado radicalmente. Hoy en día, la toma de decisiones basada en datos, conocida como data-driven decision making, no solo es una ventaja competitiva sino una necesidad en muchos sectores.

Factores clave que resaltan la importancia de los datos:

1. Reducción de incertidumbre:

   Los datos permiten mitigar riesgos al ofrecer una visión clara de lo que está sucediendo en un entorno determinado. Por ejemplo, al evaluar métricas de desempeño en un negocio, es posible identificar áreas problemáticas antes de que se conviertan en grandes desafíos.

2. Predicción de tendencias y comportamientos:

   Al analizar datos históricos, es posible identificar patrones que ayuden a prever comportamientos futuros, ya sea de consumidores, mercados o incluso eventos naturales. Esta capacidad predictiva permite a las organizaciones anticiparse a los cambios.

3. Mayor precisión y personalización:

   Los datos permiten personalizar decisiones según las necesidades específicas de un contexto. Por ejemplo, en el ámbito del marketing digital, analizar datos de navegación de usuarios ayuda a diseñar campañas específicas que conecten directamente con intereses individuales.

4. Toma de decisiones en tiempo real:

   Con herramientas avanzadas como los paneles de control y sistemas automatizados, los datos pueden ser analizados al instante, lo que facilita decisiones rápidas en situaciones críticas, como la gestión de inventarios o la resolución de problemas logísticos.

5. Medición del impacto:

   Los datos no solo sirven para tomar decisiones, sino también para evaluar su efectividad. A través de métricas y análisis posterior, es posible ajustar estrategias y garantizar que los recursos se estén utilizando de manera óptima.

Importancia de los Datos

Reducción de Incertidumbre
Los datos ayudan a mitigar riesgos al proporcionar claridad en los entornos operativos.

Predicción de Tendencias
El análisis de datos históricos permite prever comportamientos y cambios futuros.

Precisión y Personalización
Los datos permiten decisiones personalizadas y precisas en contextos específicos.

Toma de Decisiones en Tiempo Real
Las herramientas avanzadas permiten decisiones rápidas en situaciones críticas.

Medición del Impacto
Los datos son cruciales para evaluar la efectividad y ajustar estrategias.

Un cambio cultural hacia el uso de datos

Más allá de las herramientas tecnológicas, el uso de datos implica un cambio cultural en cómo se entienden los problemas y se abordan las soluciones. Incorporar el análisis de datos en las rutinas diarias fomenta un enfoque más analítico y menos impulsivo en la toma de decisiones.

En resumen, el análisis de datos no solo es una herramienta para responder preguntas, sino una metodología que guía la manera en que organizaciones e individuos enfrentan los desafíos de un entorno dinámico. Al integrar datos en la toma de decisiones, se asegura que estas sean más estratégicas, eficientes y orientadas hacia el logro de objetivos.

1.2.2. Ejemplos prácticos de aplicaciones en distintos ámbitos.

El análisis de datos tiene aplicaciones prácticas en casi todos los sectores, desempeñando un papel crucial en la mejora de procesos, la toma de decisiones estratégicas y la creación de soluciones innovadoras. A continuación, se describen ejemplos relevantes en varios ámbitos:

1. Educación

    ⇨ Seguimiento del progreso estudiantil: Las instituciones educativas utilizan datos para monitorear el rendimiento de los estudiantes, identificando áreas de mejora y diseñando estrategias personalizadas de aprendizaje.

    ➤ Ejemplo: Analizar las calificaciones, tasas de asistencia y resultados de pruebas para adaptar los métodos de enseñanza a las necesidades individuales.

    ⇨ Predicción del abandono escolar: Mediante el análisis de patrones, como bajas tasas de participación o resultados inconsistentes, las escuelas pueden intervenir a tiempo para prevenir el abandono escolar.

2. Negocios y marketing

    ⇨ Segmentación de clientes: Las empresas utilizan datos de comportamiento de compra, interacción en línea y preferencias para dividir a los consumidores en segmentos específicos, lo que permite personalizar campañas de marketing.

    ➤ Ejemplo: Un minorista en línea analiza el historial de compras para recomendar productos relacionados.

    ⇨ Optimización de procesos internos: El análisis de datos ayuda a las empresas a identificar cuellos de botella en la producción, mejorar la eficiencia y reducir costos.

- Ejemplo: Una fábrica analiza los tiempos de inactividad de las máquinas para optimizar su mantenimiento.

3. Salud y medicina

⇨ Diagnóstico y tratamiento personalizado: El análisis de datos de pacientes, como historial médico y resultados de pruebas, permite a los médicos diseñar tratamientos adaptados a las necesidades individuales.

- Ejemplo: Utilizar datos genómicos para predecir la respuesta de un paciente a ciertos medicamentos.

⇨ Prevención de epidemias: Los gobiernos y organizaciones sanitarias analizan datos en tiempo real para detectar y controlar brotes de enfermedades.

- Ejemplo: Durante la pandemia de COVID-19, el análisis de datos permitió rastrear la propagación del virus y tomar medidas preventivas.

4. Sector público

⇨ Gestión de recursos urbanos: Los datos recopilados por sensores y dispositivos inteligentes en ciudades ayudan a optimizar servicios como transporte público, alumbrado y gestión de residuos.

- Ejemplo: Un sistema de transporte utiliza datos de tráfico para ajustar horarios y rutas de autobuses.

⇨ Políticas públicas basadas en evidencia: Los gobiernos analizan datos socioeconómicos para diseñar políticas más efectivas en áreas como educación, empleo y salud.

5. Agricultura y medio ambiente

⇨ Agricultura de precisión: El análisis de datos meteorológicos, del suelo y del rendimiento de cultivos permite a los agricultores tomar decisiones más informadas sobre riego, fertilización y cosecha.

- Ejemplo: Utilizar sensores en los campos para ajustar el riego en tiempo real y evitar el desperdicio de agua.

- ⇨ Conservación del medio ambiente: Los datos de monitoreo ambiental ayudan a rastrear el impacto del cambio climático y a planificar estrategias de mitigación.
  - ➤ Ejemplo: Analizar datos de calidad del aire para identificar fuentes de contaminación y establecer regulaciones más estrictas.

6. Deportes

- ⇨ Mejora del rendimiento: Los entrenadores y atletas utilizan análisis de datos para optimizar entrenamientos, prevenir lesiones y desarrollar estrategias de juego.
  - ➤ Ejemplo: Analizar el rendimiento físico de un jugador durante un partido para ajustar tácticas en tiempo real.
- ⇨ Análisis de audiencia: Las organizaciones deportivas utilizan datos de los espectadores para mejorar su experiencia y aumentar el compromiso con el equipo.

Estos ejemplos demuestran cómo el análisis de datos, incluso en niveles básicos, puede transformar procesos y ofrecer ventajas significativas en diversos contextos.

1.2.3. Beneficios de un análisis de datos eficiente para las organizaciones y los individuos.

Un análisis de datos eficiente no solo mejora la comprensión de la información disponible, sino que también aporta beneficios tangibles tanto para las organizaciones como para los individuos. Estos beneficios abarcan desde la mejora en la toma de decisiones hasta el incremento de la productividad y la capacidad de innovación.

1. Beneficios para las organizaciones

   1.1. Mejora de la toma de decisiones:

- ⇨ Las organizaciones que emplean análisis de datos pueden tomar decisiones más fundamentadas, reduciendo la incertidumbre y aumentando la precisión en sus estrategias.
  - ➤ Ejemplo: Una empresa de logística utiliza datos de tráfico y rutas para optimizar la entrega de productos, reduciendo tiempos y costos.

1.2. Optimización de recursos:

⇨ Un análisis eficiente permite identificar áreas de mejora, reducir desperdicios y asignar recursos donde generen mayor valor.

➤ Ejemplo: Un restaurante analiza los datos de consumo para ajustar su inventario y evitar pérdidas.

1.3. Incremento de la competitividad:

⇨ Las organizaciones que aprovechan el análisis de datos obtienen una ventaja competitiva, ya que pueden responder rápidamente a los cambios del mercado.

➤ Ejemplo: Una empresa tecnológica analiza las tendencias de los consumidores para desarrollar productos innovadores antes que sus competidores.

1.4. Identificación de oportunidades de mercado:

⇨ El análisis de datos ayuda a descubrir nichos y áreas desatendidas en el mercado, permitiendo a las organizaciones expandir su alcance.

➤ Ejemplo: Un minorista detecta una alta demanda de un producto en una región específica y ajusta su estrategia de distribución.

2. Beneficios para los individuos

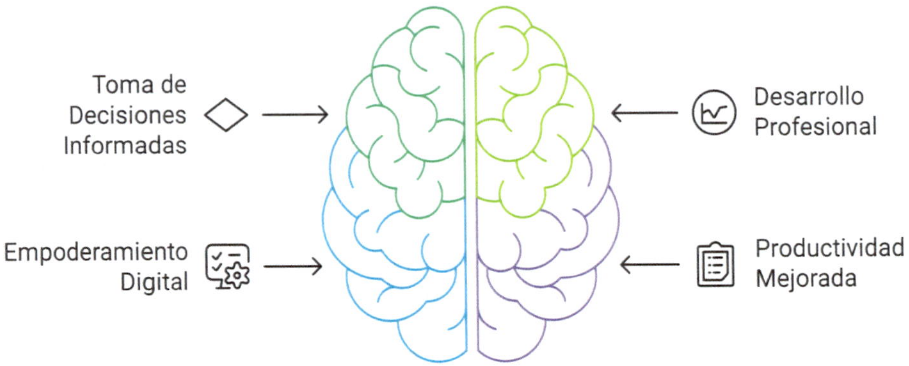

2.1. Toma de decisiones personales más informadas:

⇨ En la vida cotidiana, los datos ayudan a las personas a tomar mejores decisiones, desde gestionar sus finanzas hasta elegir opciones de salud.

➤ Ejemplo: Analizar gastos personales para establecer un presupuesto más eficiente.

2.2. Desarrollo profesional:

⇨ Aprender a analizar datos es una habilidad valiosa que mejora la empleabilidad y el rendimiento profesional.

➤ Ejemplo: Un analista de marketing utiliza datos de campañas anteriores para mejorar las estrategias publicitarias.

2.3. Empoderamiento en la era digital:

⇨ El conocimiento generado a partir de datos permite a las personas comprender mejor el mundo que las rodea, desde las noticias hasta las tendencias sociales, ayudándoles a participar activamente en la sociedad digital.

➤ Ejemplo: Un ciudadano utiliza datos abiertos para evaluar la calidad de los servicios públicos en su comunidad.

2.4. Mayor productividad:

⇨ Aplicar el análisis de datos a tareas personales o laborales permite ahorrar tiempo y esfuerzo, al identificar métodos más eficientes de realizar actividades.

   ➤ Ejemplo: Utilizar hojas de cálculo para automatizar cálculos repetitivos y organizar proyectos.

3. Impacto global del análisis de datos eficiente

⇨ Tanto en el ámbito individual como organizacional, el análisis de datos fomenta un entorno más informado, competitivo y orientado al futuro. Además, contribuye al avance en sectores clave como la educación, la salud y la sostenibilidad ambiental.

El análisis de datos eficiente es un motor de transformación, permitiendo a los individuos y a las organizaciones navegar en un mundo digital cada vez más complejo y competitivo. Al utilizar herramientas y técnicas adecuadas, se desbloquea el potencial de los datos para generar conocimiento, resolver problemas y abrir nuevas oportunidades.

1.3. Etapas básicas del análisis de datos

1.3.1. Recolección de datos: calidad y relevancia.

La recolección de datos es el pilar fundamental en el análisis de datos. Todo el proceso subsiguiente depende de la solidez y la fiabilidad de los datos recolectados. Si la base de datos es defectuosa, incompleta o irrelevante, el análisis que se construya sobre ella estará inevitablemente sesgado o será inexacto. Por ello, este paso no es solo el primero en la cadena del análisis de datos, sino también uno de los más críticos.

La importancia de la calidad de los datos

La calidad de los datos puede entenderse como su capacidad para representar fielmente la realidad que intentan capturar. Es una característica multidimensional que abarca aspectos como precisión, completitud, consistencia y actualidad. Imagina que un análisis de ventas se basa en datos incompletos o que contienen errores en las cifras; las conclusiones resultantes no solo serán inútiles, sino que podrían llevar a decisiones empresariales catastróficas.

Un ejemplo claro puede verse en el ámbito de la salud. Los registros médicos deben ser exactos, porque una pequeña discrepancia en los datos de un paciente, como una dosis incorrecta de un medicamento, podría tener consecuencias graves. En este contexto, la precisión de los datos no es solo deseable, es vital.

El proceso de recolección de datos: más que un acto mecánico

Recolectar datos no es simplemente acumular información de manera indiscriminada. Es un proceso que requiere planificación estratégica y una comprensión clara de los objetivos del análisis. Antes de siquiera comenzar a recoger datos, se deben responder preguntas esenciales:

- ¿Qué queremos medir o analizar?
- ¿Cuáles son las fuentes más confiables para obtener estos datos?
- ¿Qué métodos garantizan que los datos recolectados serán de calidad?

Una vez definido el propósito, el siguiente paso es elegir el método adecuado para la recolección. Esto puede variar según la naturaleza del análisis. En algunos casos, puede ser necesario diseñar y distribuir encuestas, mientras que en otros se puede recurrir a la extracción de datos de bases preexistentes, como sistemas CRM o bases de datos públicas.

Fuentes y métodos de recolección

La diversidad de fuentes de datos disponibles en la era digital permite recopilar información de formas cada vez más innovadoras y eficientes. Por ejemplo:

1. Encuestas y entrevistas: Uno de los métodos más directos y efectivos, especialmente para entender las percepciones y comportamientos humanos.
2. Registros digitales: Las bases de datos empresariales o gubernamentales pueden proporcionar un volumen significativo de datos estructurados.
3. Dispositivos IoT: En el ámbito de la agricultura o las ciudades inteligentes, sensores conectados recopilan datos en tiempo real sobre clima, tráfico, consumo de energía y más.

4. Datos en línea: Herramientas como Google Analytics recopilan datos relacionados con el comportamiento de usuarios en sitios web, mientras que las redes sociales son una mina de oro para entender las tendencias sociales.

El desafío de la relevancia

Recolectar datos relevantes es tan importante como garantizar su calidad. Sin relevancia, los datos no aportan valor al análisis. Aquí surge la importancia de entender claramente las preguntas que se quieren responder y los problemas que se buscan resolver. La relevancia no solo depende de los datos mismos, sino de cómo se alinean con los objetivos del análisis.

Por ejemplo, en un análisis destinado a predecir la demanda de un producto, datos como el historial de ventas y las tendencias del mercado son cruciales. Sin embargo, incluir datos irrelevantes, como la temperatura promedio en otra región, solo añadiría ruido al análisis, haciéndolo más complejo y menos útil.

Errores comunes en la recolección de datos

Incluso con las mejores intenciones, es fácil caer en errores durante este proceso. Algunos de los más comunes incluyen:

- Sobrecarga de datos: Recolectar más información de la necesaria puede ser contraproducente. No solo complica el análisis, sino que también incrementa los costos de almacenamiento y procesamiento.
- Falta de estandarización: Los datos recolectados deben tener un formato uniforme. De lo contrario, fusionarlos o analizarlos puede convertirse en un desafío técnico.
- Dependencia excesiva en una sola fuente: Basar un análisis únicamente en una fuente de datos puede limitar la perspectiva o introducir sesgos.

El equilibrio entre calidad y cantidad

A menudo, los analistas se enfrentan al dilema de priorizar la calidad frente a la cantidad de datos. Aunque tener una gran cantidad de datos puede ofrecer un panorama más amplio, si estos no son precisos ni relevantes, no serán útiles. Por el contrario, trabajar con una cantidad más limitada de datos de alta calidad suele conducir a resultados más fiables.

Un buen ejemplo de este principio puede observarse en la investigación científica. Es preferible tener un conjunto reducido de datos bien medidos y verificables que un cúmulo masivo de datos inconsistentes o sin contexto.

La recolección de datos no es un simple trámite dentro del análisis de datos; es la base sobre la que se construye todo lo demás. Un proceso de recolección bien planificado y ejecutado garantiza que los datos sean precisos, relevantes y aptos para responder las preguntas clave. Por otro lado, errores o negligencias en esta etapa pueden comprometer todo el análisis, independientemente de cuán sofisticadas sean las herramientas o los métodos empleados posteriormente.

1.3.2. Limpieza de datos: detección de errores y preparación.

Una vez recolectados los datos, el siguiente paso fundamental en el análisis es la limpieza de estos. Este proceso, a menudo subestimado, es crucial para garantizar que los datos sean utilizables, coherentes y precisos. La limpieza de datos implica identificar y corregir errores, eliminar inconsistencias y preparar la información para que pueda ser analizada de manera efectiva. Un análisis exitoso siempre comienza con un conjunto de datos limpios y bien estructurados.

La importancia de la limpieza de datos

El dicho "garbage in, garbage out" (basura entra, basura sale) resume perfectamente la relevancia de esta etapa. Si los datos que se introducen en el análisis están plagados de errores o inconsistencias, los resultados serán, en el mejor de los casos, irrelevantes, y en el peor, engañosos. La limpieza de datos no solo mejora la calidad del análisis, sino que también reduce el tiempo y los recursos necesarios para procesar la información en etapas posteriores.

Problemas comunes en los datos brutos

Los datos brutos raramente están listos para el análisis. Pueden contener una amplia gama de problemas que, si no se abordan, pueden comprometer la validez de los resultados. Algunos de los problemas más frecuentes incluyen:

1. Valores faltantes:

   ⇨ Es común encontrar celdas vacías o datos incompletos, especialmente en bases de datos recolectadas manualmente.

⇨ Ejemplo: Un registro de clientes puede no tener el correo electrónico o el número de teléfono de algunos usuarios.

2. Datos duplicados:

⇨ En bases de datos extensas, los registros duplicados son un problema habitual, especialmente cuando los datos provienen de múltiples fuentes.

⇨ Ejemplo: Dos entradas para el mismo cliente en un sistema CRM, cada una con información ligeramente diferente.

3. Errores tipográficos y de formato:

⇨ Nombres mal escritos, fechas en formatos inconsistentes o datos ingresados en el campo incorrecto pueden dificultar el análisis.

⇨ Ejemplo: Una columna con fechas que mezcla formatos como "DD/MM/AAAA" y "MM/DD/AAAA".

4. Valores atípicos (outliers):

⇨ Los valores que están fuera del rango esperado pueden ser errores o datos válidos que requieren interpretación adicional.

⇨ Ejemplo: En un registro de ventas, un cliente con un gasto extremadamente alto podría ser un error o un comprador legítimo que necesita ser verificado.

5. Datos irrelevantes:

⇨ La presencia de columnas o registros que no aportan valor al análisis aumenta la complejidad innecesariamente.

⇨ Ejemplo: Una base de datos de empleados que incluye datos como el color de cabello, irrelevante para un análisis de desempeño.

Pasos en el proceso de limpieza de datos

1. Inspección inicial:

Antes de realizar cualquier limpieza, es importante revisar los datos para identificar problemas potenciales. Esto incluye observar patrones en las columnas, detectar valores inusuales y comprobar la coherencia del formato.

2. Eliminación de duplicados:

   Identificar y eliminar registros repetidos asegura que cada entrada en la base de datos sea única. En herramientas como Excel, esta tarea puede automatizarse con funciones como "Quitar duplicados".

3. Gestión de valores faltantes:

   ⇨ Los valores faltantes pueden manejarse de varias formas, dependiendo de su importancia:

      ➤ Eliminación: Si el registro incompleto no es crítico, puede eliminarse.

      ➤ Imputación: Para datos importantes, los valores pueden estimarse utilizando promedios, medianas u otros métodos.

   ⇨ Ejemplo: En un análisis de ingresos, un dato faltante podría rellenarse con el ingreso promedio de ese grupo.

4. Estandarización del formato:

   Uniformar el formato de los datos es esencial para evitar conflictos en el análisis. Esto incluye convertir todas las fechas al mismo formato, estandarizar las unidades de medida y unificar los nombres de categorías.

   ⇨ Ejemplo: En una base de datos internacional, convertir todas las cifras de ventas a una sola moneda.

5. Identificación y tratamiento de valores atípicos:

6. Los valores que parecen anómalos deben revisarse cuidadosamente para determinar si son errores o datos válidos. Esto puede lograrse utilizando gráficos como diagramas de dispersión o análisis estadísticos.

7. Conversión de datos irrelevantes:

   ⇨ Es importante eliminar columnas y registros que no sean relevantes para los objetivos del análisis, para reducir el "ruido".

   ⇨ Ejemplo: En un análisis de marketing, eliminar datos relacionados con proveedores que no influyen en el comportamiento de los clientes.

Proceso de Limpieza de Datos

Herramientas y técnicas para la limpieza de datos

Existen numerosas herramientas digitales que facilitan el proceso de limpieza de datos. Algunas de las más comunes incluyen:

- Microsoft Excel y Google Sheets: Ideales para bases de datos pequeñas, con funciones como filtros, búsqueda y reemplazo, y eliminación de duplicados.
- Python y R: Para bases de datos más grandes y complejas, las bibliotecas como pandas (Python) y dplyr (R) son especialmente útiles para limpiar y transformar datos.
- Power Query: Una herramienta integrada en Excel para limpiar y transformar datos automáticamente.

Impacto de la limpieza en el análisis

El proceso de limpieza no solo garantiza que los datos sean precisos y consistentes, sino que también optimiza el análisis al eliminar errores que podrían distorsionar los resultados. Al invertir tiempo y esfuerzo en esta etapa, se ahorra tiempo en las fases posteriores y se obtiene un análisis más confiable.

Preparando el terreno para el análisis

La limpieza de datos es un paso crítico que no debe subestimarse. Aunque puede ser tediosa y requiere atención a los detalles, su impacto en la calidad del análisis es incalculable. Los datos limpios son la base de un análisis efectivo y de decisiones fundamentadas. Sin este paso, incluso las herramientas y técnicas más sofisticadas serían incapaces de generar resultados útiles.

1.3.3. Interpretación de resultados: cómo pasar de los datos a conclusiones accionables.

La interpretación de resultados es el paso culminante del análisis de datos. En esta etapa, las cifras, tablas y gráficos que hemos generado a partir de los datos recolectados y limpiados se convierten en insights valiosos que permiten tomar decisiones informadas. Sin embargo, este paso no es simplemente un ejercicio de observación. Interpretar datos implica comprender su contexto, conectar las observaciones con los objetivos establecidos y traducir esa comprensión en acciones concretas.

El arte de transformar datos en conocimiento

La interpretación de datos puede compararse con leer un mapa. No basta con identificar puntos en un espacio: hay que entender cómo esos puntos están relacionados, qué significan y hacia dónde nos guían. Esto requiere no solo habilidades técnicas, sino también una mentalidad analítica capaz de conectar piezas aparentemente desconectadas para formar un panorama coherente.

Por ejemplo, imagina que una empresa detecta un aumento en el número de visitas a su sitio web durante los fines de semana. Este dato en sí mismo no tiene valor práctico hasta que se contextualiza.

¿Qué está impulsando ese aumento? ¿Se traduce en más ventas? ¿Qué acciones se pueden tomar para maximizar esta tendencia? La respuesta a estas preguntas requiere una interpretación cuidadosa y una comprensión del entorno en el que operan los datos.

Contexto y objetivos: la brújula del análisis

Uno de los mayores errores al interpretar datos es hacerlo de manera aislada, sin considerar el contexto en el que se recopilaron ni los objetivos que se buscan alcanzar. La misma métrica puede tener significados muy diferentes dependiendo del marco en el que se analice. Por ejemplo:

- Un aumento en las tasas de clics podría ser positivo en una campaña publicitaria, pero irrelevante si no se traduce en conversiones.
- Un alto número de visitas a una página de preguntas frecuentes podría indicar interés en el contenido, pero también confusión entre los usuarios.

Por ello, antes de adentrarse en la interpretación, es esencial revisitar los objetivos iniciales del análisis y las preguntas clave que se quieren responder. Esto asegura que las conclusiones sean relevantes y accionables.

Patrones, tendencias y excepciones

Un buen análisis no solo busca responder preguntas, sino también identificar patrones y tendencias subyacentes. Los patrones revelan comportamientos recurrentes, mientras que las excepciones pueden señalar problemas o, en algunos casos, oportunidades inesperadas. Por ejemplo:

- Un patrón podría ser un aumento constante en las ventas durante ciertos meses del año, lo que sugiere estacionalidad.
- Una excepción podría ser un día con ventas significativamente bajas, lo que podría indicar un fallo técnico en el sistema de pagos.

La capacidad de detectar y diferenciar entre ambos es fundamental para extraer conclusiones significativas. Aquí es donde las herramientas de visualización, como gráficos y dashboards, desempeñan un papel clave al hacer que las tendencias sean más evidentes.

La narrativa detrás de los datos

Los datos, por sí solos, son solo números. Para que tengan impacto, deben convertirse en una narrativa que explique lo que significan y cómo afectan al problema en cuestión. Esta narrativa debe ser clara, lógica y convincente, especialmente si los resultados se presentarán a personas que no están familiarizadas con los detalles técnicos del análisis.

Por ejemplo, en lugar de decir:

⇨ "Las ventas aumentaron un 15% en el último trimestre", es más impactante explicar:

⇨ "El aumento del 15% en las ventas se debió a la introducción de un nuevo programa de fidelidad, lo que demuestra que las iniciativas dirigidas a retener clientes están dando resultados positivos".

La narrativa no solo explica lo que sucedió, sino también por qué y qué se puede hacer al respecto.

Del conocimiento a la acción

La interpretación de resultados no está completa hasta que se traduce en acciones concretas. Esto requiere un paso adicional: priorizar las conclusiones y convertirlas en recomendaciones claras. Por ejemplo:

- Si un análisis de rendimiento muestra que ciertos productos tienen una alta tasa de devolución, la acción podría ser investigar las causas (defectos, expectativas no cumplidas) y abordar el problema.
- Si se identifica una región geográfica con altas ventas potenciales pero bajo alcance, la recomendación podría ser redirigir recursos de marketing hacia esa área.

La clave es asegurarse de que cada acción propuesta esté respaldada por datos sólidos y sea factible dentro del contexto operativo.

Errores comunes en la interpretación de datos

Incluso los analistas más experimentados pueden caer en trampas al interpretar datos. Algunos de los errores más comunes incluyen:

- Confundir correlación con causalidad: Solo porque dos variables estén relacionadas no significa que una cause la otra.

  Ejemplo: Un aumento en la publicidad podría coincidir con un aumento en las ventas, pero esto no siempre significa que la publicidad fue la causa directa.

- Ignorar el contexto: Analizar métricas sin considerar factores externos, como cambios en el mercado o eventos globales, puede llevar a conclusiones erróneas.

- Sesgos de confirmación: Buscar solo los datos que respaldan una hipótesis inicial puede limitar el alcance del análisis.

La interpretación como puente entre datos y decisiones

Interpretar datos es mucho más que analizar cifras; es comprender el significado que subyace en ellas y traducirlo en decisiones prácticas. Este paso requiere tanto habilidades técnicas como un pensamiento crítico que permita conectar los resultados con objetivos concretos. Al final, la verdadera medida del éxito en la interpretación de datos no es la profundidad del análisis, sino el impacto que tiene en las acciones y estrategias que se derivan de él.

1.4. Barreras comunes en el análisis de datos básico

1.4.1. Dificultades técnicas: herramientas y habilidades requeridas.

El análisis de datos, incluso en su nivel más básico, enfrenta un conjunto significativo de desafíos técnicos que pueden disuadir a muchas personas de aprovechar su potencial. Estas dificultades no se limitan al acceso a las herramientas necesarias, sino que también incluyen la falta de habilidades específicas y la curva de aprendizaje asociada a ellas. En un mundo donde los datos son cada vez más abundantes, las barreras técnicas constituyen un obstáculo crítico que debe ser superado para democratizar el acceso al análisis.

Uno de los primeros retos que surgen es el manejo de las herramientas digitales. Si bien programas como Microsoft Excel o Google Sheets están ampliamente disponibles y suelen ser considerados intuitivos, muchas personas solo dominan sus funcionalidades más básicas. Por ejemplo, es común que un usuario se sienta cómodo sumando columnas de números o aplicando un formato condicional, pero se vea intimidado ante la idea de crear una tabla dinámica o configurar un gráfico que represente datos complejos de manera efectiva. Esta falta de familiaridad con las herramientas limita la capacidad de realizar análisis significativos y, en última instancia, reduce el valor que se puede extraer de los datos disponibles.

A esto se suma la dificultad de elegir la herramienta adecuada para cada necesidad. Aunque Excel y Google Sheets son suficientes para análisis simples, en contextos más exigentes se requieren plataformas más avanzadas como Google Data Studio, Power BI o Tableau. Estas herramientas, aunque poderosas, presentan barreras adicionales: requieren tiempo para aprender a utilizarlas correctamente, y en muchos casos, implican costos asociados que pueden resultar prohibitivos para pequeñas organizaciones o usuarios individuales. Este problema se agrava en entornos donde los recursos son limitados, lo que perpetúa una brecha de acceso al análisis de datos entre quienes tienen capacidad para invertir en estas soluciones y quienes no.

Más allá de las herramientas, existe otra barrera significativa: la falta de habilidades técnicas. El análisis de datos exige un conjunto de competencias que no siempre forman parte del repertorio habitual de las personas, incluso de aquellas que se consideran digitalmente alfabetizadas. Entre estas habilidades se incluyen la capacidad de interpretar conceptos estadísticos básicos, como promedios, variaciones o correlaciones, y la destreza para visualizar datos de manera efectiva. La capacidad de convertir números y tablas en gráficos claros y comprensibles es esencial para transmitir ideas y conclusiones, pero, lamentablemente, suele ser una habilidad subestimada y poco desarrollada en muchos casos.

Por último, los problemas técnicos también se manifiestan en la integración de datos provenientes de múltiples fuentes. En un entorno empresarial típico, es común que los datos estén dispersos en diferentes sistemas: registros de ventas en hojas de cálculo, métricas de marketing en plataformas digitales como Google Analytics y datos de clientes almacenados en sistemas de gestión de relaciones con el cliente (CRM). Combinar esta información de manera coherente para realizar un análisis integral es, a menudo, un proceso complejo que requiere conocimientos avanzados y herramientas específicas.

Las dificultades técnicas en el análisis de datos básico son reales y variadas, abarcando desde la falta de familiaridad con las herramientas hasta la ausencia de habilidades necesarias para interpretar y visualizar la información. Estas barreras, si no se abordan, pueden limitar significativamente el alcance del análisis y, por ende, el valor que las personas y las organizaciones pueden extraer de sus datos.

1.4.2. Sesgos y errores en el análisis de datos.

El análisis de datos no solo enfrenta barreras técnicas, sino también problemas derivados de sesgos y errores que pueden distorsionar gravemente los resultados. Estos problemas, aunque menos visibles a primera vista, son igual de importantes que las dificultades técnicas y, en algunos casos, pueden tener consecuencias aún más graves. Cuando los datos se interpretan incorrectamente o cuando están influenciados por prejuicios, las decisiones que se basan en ellos pueden ser poco fiables, ineficaces o incluso perjudiciales.

Uno de los sesgos más comunes se encuentra en la recolección y selección de los datos. Es fácil caer en la trampa de trabajar con un conjunto de datos que no representa adecuadamente el fenómeno que se pretende analizar. Por ejemplo, si una encuesta sobre preferencias de consumo se realiza únicamente entre usuarios de una plataforma digital, los resultados podrían excluir a segmentos de la población que no están presentes en ese canal. Este tipo de sesgo, conocido como sesgo de selección, limita la aplicabilidad de los resultados y puede generar conclusiones que no reflejan la realidad.

Además, el enfoque excesivo en ciertos aspectos de los datos puede llevar a interpretaciones incompletas o erróneas. En muchos casos, los analistas tienden a priorizar métricas que son fáciles de medir o que parecen relevantes, mientras ignoran otras que pueden ser igualmente importantes. Por ejemplo, en un análisis de ventas, centrarse exclusivamente en las cifras de ingresos totales sin considerar factores como los costos operativos o las tasas de devolución podría conducir a una visión distorsionada del desempeño empresarial.

Otro desafío crítico en este ámbito es la presencia de errores humanos durante el análisis. Estos errores pueden surgir en cualquier etapa del proceso, desde la entrada de datos hasta la interpretación final. Una cifra mal ingresada, un cálculo incorrecto o una fórmula mal aplicada pueden alterar significativamente los resultados y, si no se detectan, podrían pasar inadvertidos hasta que las decisiones basadas en ellos comiencen a fallar.

Por si fuera poco, los sesgos cognitivos también juegan un papel importante en el análisis de datos. Los seres humanos tienden a buscar patrones que confirmen sus creencias previas, un fenómeno conocido como sesgo de confirmación. Esto puede llevar a los analistas a centrarse únicamente en los datos que respaldan sus hipótesis iniciales, ignorando otros que podrían ofrecer una perspectiva más equilibrada o incluso contradecir sus supuestos. Este tipo de sesgo es especialmente peligroso porque puede pasar desapercibido incluso para los analistas más experimentados.

Finalmente, la falta de contexto puede ser una fuente importante de errores en el análisis de datos. Sin una comprensión adecuada de las circunstancias que rodean a los datos, es fácil malinterpretar las cifras o sacar conclusiones incorrectas.

Por ejemplo, un aumento en las ventas de un producto podría atribuirse a una estrategia de marketing exitosa, cuando en realidad podría deberse a un factor externo, como un cambio en las preferencias del consumidor o una reducción en los precios de los competidores.

En conclusión, los sesgos y errores en el análisis de datos representan un desafío significativo que debe abordarse con cuidado y atención. Identificar y mitigar estos problemas no solo requiere habilidades técnicas, sino también un enfoque crítico y reflexivo que permita cuestionar las suposiciones y validar las conclusiones. Reconocer estas barreras es el primer paso para superarlas y garantizar que el análisis de datos sea una herramienta verdaderamente efectiva para la toma de decisiones.

1.4.3. Superar las barreras: soluciones prácticas y herramientas accesibles.

A pesar de las barreras técnicas, los sesgos y los errores que dificultan el análisis de datos básico, existen estrategias y herramientas accesibles que pueden ayudar a superarlas. Abordar estas dificultades no solo es posible, sino también esencial para garantizar que el análisis de datos sea una herramienta confiable y efectiva, accesible para individuos y organizaciones de todos los niveles.

1. Adquisición de habilidades y formación continua

   Una de las formas más efectivas de superar las barreras técnicas es invertir en el desarrollo de habilidades. La alfabetización en el manejo de datos es cada vez más valorada en el ámbito profesional y personal, y existen múltiples recursos para aprender de manera gradual y estructurada.

   ⇨ Cursos en línea y talleres:

   Plataformas como Coursera, Udemy y Khan Academy ofrecen cursos asequibles y, en muchos casos, gratuitos, sobre el manejo de herramientas populares como Excel, Google Sheets y Power BI. Estos cursos suelen abordar desde funciones básicas hasta técnicas más avanzadas.

⇨ Práctica guiada:

Practicar con conjuntos de datos públicos, como los disponibles en Kaggle o datos abiertos gubernamentales, permite a los principiantes experimentar con casos reales y desarrollar confianza en sus habilidades.

Además, es importante promover una mentalidad de aprendizaje continuo, dado que las herramientas y métodos en el análisis de datos están en constante evolución.

2. Herramientas accesibles y amigables

Hoy en día, muchas herramientas están diseñadas para ser intuitivas y accesibles, incluso para personas sin experiencia técnica. Algunas de las más destacadas incluyen:

⇨ Microsoft Excel y Google Sheets:

Ideales para comenzar, estas herramientas ofrecen funciones avanzadas como tablas dinámicas, gráficos y análisis de datos básicos, sin requerir software adicional.

⇨ Google Data Studio:

Una opción gratuita para crear dashboards visuales y compartir resultados de manera clara y atractiva. Su integración con otras plataformas de Google facilita el acceso a datos en tiempo real.

⇨ Power BI y Tableau Public:

Aunque más avanzadas, estas herramientas cuentan con versiones gratuitas y recursos educativos para facilitar su aprendizaje.

La clave para superar las barreras relacionadas con las herramientas es comenzar con aquellas que ya se dominan y avanzar gradualmente hacia soluciones más complejas según sea necesario.

3. Automatización y simplificación

La automatización puede ser una gran aliada para reducir errores humanos y simplificar procesos complejos.

- ⇨ Macros en Excel: Permiten automatizar tareas repetitivas, como la limpieza y organización de datos.
- ⇨ Procesos automatizados en Google Sheets: Las integraciones con Google Apps Script ofrecen funcionalidades avanzadas sin necesidad de software adicional.
- ⇨ Conectores y APIs: Herramientas como Zapier o Make permiten integrar múltiples plataformas, facilitando la consolidación de datos de diversas fuentes.

Automatizar procesos no solo ahorra tiempo, sino que también reduce la posibilidad de errores causados por la intervención manual.

4. Mitigación de sesgos y errores

Reconocer la posibilidad de sesgos y errores es el primer paso para mitigarlos. Algunas prácticas útiles incluyen:

- ⇨ Validación cruzada: Verificar los resultados utilizando diferentes métodos o fuentes de datos para confirmar su precisión.
- ⇨ Herramientas de limpieza de datos: Plataformas como OpenRefine ayudan a detectar duplicados, valores faltantes y formatos inconsistentes de manera automatizada.
- ⇨ Consultas colaborativas: Trabajar en equipo y compartir análisis con colegas puede ofrecer perspectivas nuevas y ayudar a identificar posibles errores o interpretaciones sesgadas.

Además, promover una cultura de análisis crítico donde se cuestionen las suposiciones y se valide la metodología utilizada es esencial para minimizar errores y sesgos.

5. Democratización del acceso al análisis de datos

Las organizaciones tienen un papel clave en superar las barreras, proporcionando acceso a herramientas y formación. Crear entornos donde todos los empleados tengan las mismas oportunidades para aprender y utilizar datos fomenta una cultura orientada al análisis.

⇨ Formación interna: Ofrecer talleres y recursos educativos dentro de la organización garantiza que todos los niveles tengan competencias básicas en análisis de datos.

⇨ Acceso a herramientas compartidas: Implementar plataformas de análisis centralizadas y accesibles para todos los departamentos facilita la colaboración y el intercambio de insights.

Hacer el análisis de datos accesible para todos

Superar las barreras del análisis de datos requiere un enfoque integral que combine educación, herramientas adecuadas y prácticas estratégicas. Al reducir las dificultades técnicas, mitigar sesgos y errores, y fomentar una cultura de análisis basada en datos, se pueden desbloquear los beneficios del análisis incluso para quienes no son expertos en la materia. La democratización del acceso a estas capacidades no solo es posible, sino también esencial en una era donde los datos son el recurso más valioso.

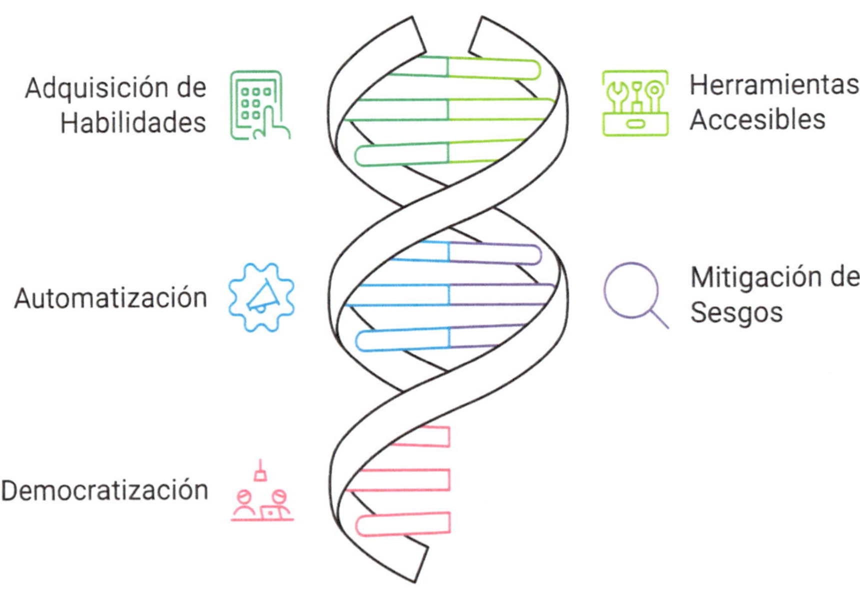

1.5. El impacto del análisis de datos en la alfabetización digital

1.5.1. Cómo el análisis de datos fomenta competencias digitales.

El análisis de datos ocupa un lugar central en el desarrollo de las competencias digitales, ya que no solo implica la habilidad de manipular herramientas tecnológicas, sino también la capacidad de comprender, interpretar y utilizar información de manera estratégica. En una era en la que el acceso a datos es casi ilimitado, saber analizar esta información se ha convertido en una habilidad fundamental para navegar eficazmente por el entorno digital y aprovechar las oportunidades que este ofrece.

La alfabetización digital, entendida como el conjunto de habilidades necesarias para interactuar de manera eficiente con las tecnologías digitales, encuentra en el análisis de datos un pilar esencial. No se trata solo de saber utilizar un programa como Excel o interpretar un gráfico; el análisis de datos fomenta un pensamiento crítico que permite a los usuarios distinguir entre información relevante e irrelevante, identificar patrones significativos y tomar decisiones basadas en evidencia sólida.

Por ejemplo, una persona que sabe analizar datos puede evaluar con mayor precisión la efectividad de una estrategia de marketing digital, el rendimiento de una inversión o las tendencias en su sector profesional. Más allá del ámbito empresarial, estas habilidades también se aplican en la vida cotidiana, como en la gestión de presupuestos familiares o en la comprensión de noticias que presentan cifras y estadísticas.

Además, el análisis de datos enseña a interactuar con tecnologías de manera más avanzada. La exploración de herramientas como Google Sheets, Power BI o Tableau no solo amplía el repertorio técnico de los usuarios, sino que también mejora su capacidad para trabajar con grandes volúmenes de información. Este proceso implica aprender a filtrar datos, crear visualizaciones significativas y comunicarlas de manera efectiva, lo que refuerza otras competencias digitales, como la comunicación y la resolución de problemas.

Otro aspecto importante es cómo el análisis de datos fomenta una mentalidad orientada a la mejora continua. En el proceso de recopilar, limpiar, analizar e interpretar datos, los usuarios desarrollan una conciencia crítica sobre la calidad de la información y la necesidad de actualizar sus habilidades regularmente. Esto no solo mejora su desempeño en tareas específicas, sino que también los prepara para adaptarse a nuevas tecnologías y metodologías que puedan surgir en el futuro.

Por último, el análisis de datos actúa como un puente entre las competencias técnicas y las habilidades blandas, como la colaboración y la comunicación. Muchas veces, los datos analizados necesitan ser presentados a un equipo o a superiores, lo que exige no solo habilidades técnicas, sino también la capacidad de transmitir ideas complejas de manera clara y persuasiva. Este equilibrio entre aspectos técnicos y sociales es una de las características más valiosas de quienes dominan el análisis de datos dentro del contexto de la alfabetización digital.

El análisis de datos no es solo una herramienta para extraer conocimiento de cifras, sino también un catalizador para el desarrollo de habilidades digitales más amplias. Al aprender a interactuar con datos de manera crítica y estratégica, las personas no solo aumentan su alfabetización digital, sino que también se posicionan mejor para prosperar en un mundo cada vez más impulsado por la tecnología.

1.5.2. Relación entre análisis de datos y la transformación digital.

La transformación digital no es solo un cambio tecnológico; es un proceso profundo de evolución organizacional y cultural en el que las tecnologías digitales, y específicamente el análisis de datos, desempeñan un papel crucial. En el centro de esta transformación se encuentra la capacidad de las organizaciones y las personas para convertir los datos en conocimiento práctico, permitiendo la innovación, la mejora de procesos y la toma de decisiones basada en evidencia.

El análisis de datos como motor de la transformación digital

El análisis de datos es mucho más que una herramienta técnica en la transformación digital; es su esencia. Las empresas y organizaciones modernas acumulan grandes cantidades de datos a través de interacciones digitales, transacciones comerciales y sistemas automatizados. Sin embargo, estos datos no tienen valor inherente a menos que sean analizados, interpretados y utilizados de manera estratégica.

Por ejemplo, en el ámbito del comercio electrónico, la capacidad de analizar datos sobre el comportamiento de los clientes permite a las empresas personalizar la experiencia de compra, optimizar campañas de marketing y prever tendencias futuras. Este enfoque centrado en los datos transforma la relación entre las empresas y sus clientes, haciéndola más eficiente, personalizada y orientada a resultados.

Impulso a la innovación y la agilidad

El análisis de datos fomenta la innovación al proporcionar una comprensión más profunda de los mercados, las operaciones internas y las necesidades del cliente. Al identificar patrones y correlaciones que de otro modo serían invisibles, las organizaciones pueden desarrollar productos y servicios nuevos que respondan de manera precisa a las demandas del mercado.

Además, en un entorno competitivo, la agilidad es clave. Las organizaciones que dominan el análisis de datos pueden adaptarse rápidamente a los cambios en su entorno, identificando oportunidades o amenazas en tiempo real. Por ejemplo, durante la pandemia de COVID-19, muchas empresas utilizaron análisis de datos para ajustar rápidamente sus operaciones y responder a las necesidades cambiantes de los consumidores.

El análisis de datos y la cultura organizacional

La transformación digital no se limita a la implementación de nuevas tecnologías; también implica un cambio cultural en la manera en que las organizaciones entienden y utilizan los datos. Adoptar un enfoque basado en datos requiere que todos los niveles de la organización, desde los ejecutivos hasta los empleados, comprendan la importancia del análisis y lo incorporen en sus procesos de toma de decisiones.

Esto no solo implica capacitar a los empleados en el uso de herramientas de análisis, sino también fomentar una cultura de curiosidad y aprendizaje continuo. Por ejemplo, en lugar de tomar decisiones basadas en intuiciones o suposiciones, los equipos deben ser incentivados a respaldar sus ideas con datos concretos y a cuestionar sus propias interpretaciones de manera crítica.

El papel de las tecnologías emergentes

La transformación digital también está impulsada por tecnologías emergentes que amplifican las capacidades del análisis de datos. La inteligencia artificial, el aprendizaje automático y el big data están permitiendo a las organizaciones procesar volúmenes masivos de información en tiempo récord, identificando patrones complejos que antes eran imposibles de detectar.

Estas tecnologías no solo optimizan los procesos existentes, sino que también abren nuevas posibilidades. Por ejemplo, en la industria de la salud, el análisis avanzado de datos permite diagnósticos más precisos y tratamientos personalizados, mientras que en el sector energético ayuda a optimizar el consumo y la sostenibilidad.

Conexión entre análisis de datos y estrategia digital

El análisis de datos no solo impulsa la transformación digital, sino que también se convierte en el eje de las estrategias digitales. Las organizaciones que integran el análisis en su estrategia general obtienen una ventaja competitiva, ya que pueden tomar decisiones basadas en información precisa y actualizada, adaptarse a los cambios del mercado y anticiparse a las tendencias futuras.

En última instancia, la transformación digital basada en datos permite a las organizaciones no solo sobrevivir en un entorno en constante cambio, sino prosperar en él. Ya no es suficiente adoptar herramientas digitales; el verdadero cambio ocurre cuando los datos se convierten en la base de todas las operaciones y decisiones estratégicas.

La relación entre el análisis de datos y la transformación digital es simbiótica: el primero proporciona las herramientas y la perspectiva necesarias para dar forma a la segunda. Al integrar el análisis de datos en sus procesos y estrategias, las organizaciones pueden transformar no solo su tecnología, sino también su forma de trabajar, relacionarse con los clientes y adaptarse a un mundo digital en constante evolución.

2. Estructuración de los datos numéricos para dar significado a la información recogida

2.1. Introducción, ordenación y clasificación de datos.

La preparación y estructuración de los datos es una etapa esencial en el análisis, ya que determina la calidad y utilidad del resultado final. Esta fase implica recopilar, organizar y dar sentido a los datos en bruto, transformándolos en un formato coherente y estructurado que facilite su análisis posterior.

Uno de los pasos iniciales es la introducción de datos en la herramienta correspondiente. Esto puede hacerse manualmente o mediante la importación de datos desde diversas fuentes, como archivos CSV, bases de datos o formularios en línea. Durante esta etapa, es crucial asegurarse de que los datos se introduzcan con precisión para evitar errores que puedan comprometer el análisis.

La ordenación de datos es el siguiente paso. Este proceso consiste en organizar los datos de manera lógica para que sean más fáciles de interpretar. Por ejemplo, ordenar una lista de ventas por fecha o un conjunto de registros por categoría permite identificar patrones o discrepancias de manera más eficiente. La mayoría de las herramientas de análisis, como Excel o Google Sheets, ofrecen opciones simples para ordenar columnas en orden alfabético, numérico o por fechas.

Después de ordenar, es necesario realizar una clasificación de los datos según su finalidad. Este paso implica agrupar la información en categorías relevantes que faciliten su análisis. Por ejemplo, en un conjunto de datos de clientes, las categorías podrían incluir edad, ubicación geográfica o tipo de producto comprado. Esta clasificación no solo permite una mejor organización, sino que también ayuda a identificar tendencias o segmentaciones importantes.

La correcta preparación y estructuración de datos no solo asegura un análisis más eficiente, sino que también reduce significativamente la probabilidad de errores. Al ordenar y clasificar adecuadamente los datos, se crea una base sólida para aplicar fórmulas, generar gráficos y extraer conclusiones significativas.

2.2. Formatos básicos: texto, números y fechas.

El formato correcto de los datos es una parte fundamental del proceso de preparación y estructuración, ya que garantiza que los valores se interpreten y analicen de manera adecuada en las herramientas digitales. Textos, números y fechas son los formatos más comunes en cualquier conjunto de datos, y cada uno tiene particularidades que deben gestionarse con precisión para evitar errores o malentendidos durante el análisis.

1. Formato de texto

   Los datos en formato de texto se utilizan para registrar información alfanumérica, como nombres, descripciones o categorías. Aunque parecen sencillos, los errores en este formato pueden generar problemas significativos en el análisis. Por ejemplo:

   ⇨ Variaciones en la escritura, como "Madrid" frente a "madrid", pueden ser interpretadas como valores distintos en ciertas herramientas.

   ⇨ Espacios innecesarios al principio o al final de una cadena de texto (conocidos como "espacios en blanco") pueden interferir con búsquedas y coincidencias.

   Para garantizar la coherencia en los textos, herramientas como Excel y Google Sheets ofrecen funciones útiles:

   ⇨ TRIM (ESPACIOS): Elimina espacios adicionales en una celda.

   ⇨ UPPER, LOWER, PROPER: Cambia la escritura de texto a mayúsculas, minúsculas o título.

   Un manejo adecuado del formato de texto es esencial para tareas como clasificación de datos, generación de gráficos categóricos o búsquedas de valores específicos.

2. Formato de números

   Los datos numéricos son indispensables en el análisis, ya que permiten realizar cálculos y mediciones. Sin embargo, su manejo requiere atención para evitar inconsistencias:

- ⇨ Unidades de medida: Es importante que todos los números en un conjunto de datos utilicen las mismas unidades para garantizar la coherencia. Por ejemplo, si algunas celdas están en metros y otras en pies, los resultados del análisis serán incorrectos.
- ⇨ Separadores decimales y de miles: Diferentes regiones utilizan distintos formatos para los números (por ejemplo, en algunos países el separador decimal es una coma, mientras que en otros es un punto). Configurar correctamente estos parámetros en la herramienta utilizada evita errores.

Las herramientas de análisis permiten personalizar el formato numérico según las necesidades del usuario. Por ejemplo, en Excel y Google Sheets, se pueden definir números con decimales específicos, convertir cifras en porcentajes o aplicar formatos monetarios para analizar valores financieros.

3. Formato de fechas

El manejo de fechas suele ser uno de los aspectos más problemáticos en la estructuración de datos, ya que diferentes formatos pueden generar incompatibilidades. Por ejemplo, el formato "DD/MM/AAAA" utilizado en Europa puede ser interpretado como "MM/DD/AAAA" en sistemas configurados para el estándar estadounidense.

Para garantizar un uso correcto de las fechas:

- ⇨ Asegúrate de que todas las celdas estén configuradas en el formato de fecha correspondiente. Las herramientas suelen ofrecer opciones predefinidas para personalizar el formato según la región o la preferencia del usuario.
- ⇨ Evita introducir fechas como texto, ya que esto impide que las herramientas las reconozcan como valores cronológicos.

El uso correcto del formato de fechas es crucial para análisis que involucran tendencias temporales, como el comportamiento de ventas a lo largo del año o el seguimiento de eventos en un período específico.

Un manejo adecuado de los formatos básicos—texto, números y fechas— es indispensable para garantizar la integridad del análisis de datos. Este cuidado no solo facilita cálculos y operaciones, sino que también previene errores comunes que pueden distorsionar los resultados. Las herramientas digitales modernas ofrecen múltiples opciones para ajustar y uniformar formatos, lo que permite a los usuarios enfocarse en interpretar los datos y extraer conclusiones valiosas.

3. Identificación de herramientas digitales que permiten el análisis de datos. Manejo básico de datos

3.1. Introducción al uso de herramientas digitales para el análisis de datos

3.1.1. Importancia de las herramientas digitales.

En la era de la información, las herramientas digitales han transformado la forma en que interactuamos con los datos, convirtiéndolos en un recurso estratégico clave para la toma de decisiones en una amplia gama de contextos. Estas herramientas no solo facilitan el almacenamiento y la organización de información, sino que también permiten realizar análisis complejos, identificar patrones y presentar resultados de manera clara y visual.

La importancia de las herramientas digitales radica en su capacidad para hacer que el análisis de datos sea accesible y eficiente, incluso para usuarios sin conocimientos avanzados en estadística o programación. Programas como Microsoft Excel y Google Sheets ofrecen funciones intuitivas que permiten desde cálculos básicos hasta la creación de gráficos y tablas dinámicas, mientras que plataformas más especializadas como Google Data Studio están diseñadas para la visualización avanzada y el reporting interactivo.

Además, estas herramientas contribuyen a la democratización del análisis de datos, eliminando barreras técnicas que antes requerían experiencia en software especializado. En un entorno profesional, el dominio de estas herramientas puede aumentar significativamente la productividad y permitir una toma de decisiones más informada, basada en evidencia en lugar de intuición.

Por otro lado, en el ámbito personal, ayudan a organizar y gestionar datos cotidianos, desde presupuestos familiares hasta seguimientos de proyectos.

El verdadero valor de las herramientas digitales no reside solo en su capacidad técnica, sino en cómo permiten a los usuarios conectar datos con acciones concretas. Ya sea optimizando procesos empresariales, identificando oportunidades de mercado o simplificando tareas cotidianas, estas herramientas han redefinido lo que significa trabajar con datos.

3.1.2. Comparativa general: Excel, Google Sheets y Google Data Studio.

Microsoft Excel, Google Sheets y Google Data Studio son tres herramientas esenciales en el análisis de datos que, aunque comparten ciertos objetivos, tienen características y usos particulares que las diferencian. Esta comparativa proporciona una visión general de sus funcionalidades, fortalezas y limitaciones, ayudando a identificar cuál es más adecuada según el contexto.

- **Microsoft Excel: Versatilidad y robustez**

Excel es una de las herramientas más conocidas y ampliamente utilizadas en el análisis de datos, gracias a su versatilidad y capacidad para manejar cálculos complejos, gráficos y análisis avanzados.

- Ventajas:
  - Ofrece un conjunto de fórmulas y funciones avanzadas que van desde cálculos matemáticos básicos hasta análisis estadísticos más complejos.
  - Incluye herramientas como tablas dinámicas, que permiten resumir grandes volúmenes de datos de forma sencilla.
  - Es compatible con la mayoría de los formatos de datos y puede integrarse con otras plataformas mediante macros y complementos.
  - Ideal para trabajar sin conexión.
- Limitaciones:
  - El manejo de grandes cantidades de datos (superiores a un millón de filas) puede afectar su rendimiento.

- Requiere una licencia, lo que puede ser un obstáculo para algunos usuarios.
- Carece de la colaboración en tiempo real nativa que ofrecen otras herramientas.

♦ Google Sheets: Colaboración y accesibilidad

Google Sheets es una alternativa en línea a Excel que destaca por su enfoque en la colaboración y la integración con el ecosistema de Google.

⇨ Ventajas:

- Permite la edición colaborativa en tiempo real, lo que lo hace ideal para equipos distribuidos.
- Es accesible desde cualquier dispositivo con conexión a internet, sin necesidad de instalaciones.
- Se integra fácilmente con otras herramientas de Google, como Forms y Data Studio, para una gestión fluida de los datos.
- Gratuito para la mayoría de los usuarios, con almacenamiento en la nube.

⇨ Limitaciones:

- Menos potente que Excel para análisis avanzados y manejo de datos extensos.
- La dependencia de una conexión a internet puede ser una desventaja en ciertos contextos.
- Algunas funciones avanzadas requieren complementos o conocimientos adicionales, como Google Apps Script.

♦ Google Data Studio: Visualización y reporting

Google Data Studio está diseñado específicamente para la visualización de datos y la creación de informes interactivos, siendo una opción complementaria a las hojas de cálculo para presentar resultados de análisis.

- ⇨ Ventajas:
  - Ofrece una interfaz intuitiva para crear dashboards visualmente atractivos.
  - Permite conectar múltiples fuentes de datos, como Google Sheets, Google Analytics o bases de datos SQL, en un solo informe.
  - Facilita la personalización de gráficos y la interacción con los datos en tiempo real.
  - Es gratuito y parte del ecosistema de Google, lo que simplifica la integración.
- ⇨ Limitaciones:
  - No está diseñado para realizar cálculos complejos; depende de los datos procesados previamente en otras herramientas.
  - Requiere conocimientos básicos de diseño visual para crear informes efectivos.
  - La funcionalidad fuera del ecosistema de Google puede ser más limitada.

Cuadro comparativo

Característica	Microsoft Excel	Google Sheets	Google Data Studio
Análisis avanzado	Sí	Limitado	No
Colaboración en tiempo real	No	Sí	Sí
Visualización avanzada	Limitada	Limitada	Sí
Manejo de grandes datos	Moderado	Limitado	Depende de la fuente
Acceso gratuito	No	Sí	Sí

Microsoft Excel es ideal para análisis profundos y autónomos, Google Sheets destaca en colaboración y accesibilidad, y Google Data Studio es perfecto para la presentación visual de resultados. Conocer las fortalezas de cada una permite elegir o combinar herramientas según las necesidades del proyecto.

3.2. Microsoft Excel: análisis esencial

3.2.1. Funciones básicas y fórmulas esenciales.

Microsoft Excel es una herramienta fundamental para el análisis de datos, conocida por su capacidad para realizar cálculos precisos y automatizar tareas a través de funciones y fórmulas. Las funciones básicas de Excel son el punto de partida para cualquier análisis, ya que permiten trabajar con datos de manera eficiente, realizar operaciones comunes y sentar las bases para un uso más avanzado.

1. Operaciones matemáticas básicas

   Excel facilita cálculos esenciales mediante operadores aritméticos (+, -, *, /) directamente en las celdas. Estas operaciones pueden automatizarse y actualizarse dinámicamente al cambiar los valores de las celdas involucradas.

   ⇨ Ejemplo práctico: Para sumar los valores de las celdas A1 y B1, simplemente se ingresa =A1+B1. Este resultado se actualiza automáticamente si alguno de los valores cambia.

2. Funciones básicas más utilizadas

   Excel incluye una amplia gama de funciones predefinidas que simplifican tareas comunes. Algunas de las más utilizadas son:

   ⇨ SUM (SUMA): Calcula la suma de un rango de celdas.

   ➤ Ejemplo: =SUM(A1:A10) suma los valores de las celdas A1 a A10.

   ⇨ AVERAGE (PROMEDIO): Obtiene el promedio de un rango de celdas.

   ➤ Ejemplo: =AVERAGE(B1:B10) calcula la media de los valores en las celdas B1 a B10.

- ⇨ COUNT (CONTAR): Cuenta la cantidad de celdas que contienen números en un rango.
  - ➤ Ejemplo: =COUNT(C1:C10) cuenta cuántas celdas tienen valores numéricos en el rango C1 a C10.
- ⇨ IF (SI): Permite realizar evaluaciones lógicas y devolver resultados basados en una condición.
  - ➤ Ejemplo: =IF(A1>10, "Mayor", "Menor") devuelve "Mayor" si el valor en A1 es mayor a 10, y "Menor" en caso contrario.
- ⇨ VLOOKUP (BUSCARV): Busca un valor en una tabla y devuelve información asociada.
  - ➤ Ejemplo: =VLOOKUP(101, A2:D10, 2, FALSE) busca el valor 101 en la primera columna de la tabla A2:D10 y devuelve el valor correspondiente de la segunda columna.

3. Automatización y simplificación mediante referencias

Las referencias relativas, absolutas y mixtas son esenciales para aprovechar al máximo las funciones y fórmulas de Excel:

- ⇨ Relativas: Ajustan automáticamente las celdas referenciadas al copiar o mover la fórmula.
  - ➤ Ejemplo: =A1+B1 cambia a A2+B2 al copiarla hacia abajo.
- ⇨ Absolutas: Mantienen fija la referencia a una celda específica al copiar la fórmula, utilizando el signo $.
  - ➤ Ejemplo: A1+B1 no cambia al ser copiada.
- ⇨ Mixtas: Combinan elementos relativos y absolutos.
  - ➤ Ejemplo: $A1+B$1.

4. Aplicaciones prácticas

Estas funciones son útiles en una variedad de escenarios:

- ⇨ Calcular totales y promedios en informes financieros.

- ⇨ Generar evaluaciones condicionadas en análisis de desempeño.
- ⇨ Organizar y buscar información en bases de datos pequeñas.

Con estas herramientas básicas, Excel se convierte en un aliado versátil que simplifica tareas y permite un análisis inicial efectivo, incluso para usuarios principiantes.

1. Tablas dinámicas y gráficos simples.

Las tablas dinámicas son una funcionalidad esencial en Excel, diseñada para resumir, organizar y analizar grandes volúmenes de datos de manera flexible. Permiten al usuario reorganizar y filtrar información sin alterar los datos originales, ofreciendo una forma interactiva de explorar tendencias, comparaciones y patrones.

1.1. Creación de una tabla dinámica

El proceso de creación de una tabla dinámica es sencillo y consta de los siguientes pasos:

- Seleccionar el rango de datos que se desea analizar.
- Ir a la pestaña Insertar y seleccionar Tabla dinámica.
- Elegir dónde colocar la tabla dinámica (en una hoja nueva o existente).
- Configurar las filas, columnas, valores y filtros en el panel de campos de la tabla dinámica.

1.2. Aplicaciones prácticas

- Agrupación de datos: Por ejemplo, analizar ventas por región o por trimestre.
- Cálculos resumidos: Sumar, contar o calcular promedios de datos específicos.
- Filtrado dinámico: Ajustar la vista de los datos según categorías o condiciones específicas, como filtrar ventas de un año concreto.

1.3. Ventajas

- ➤ Fácil de usar incluso con grandes conjuntos de datos.
- ➤ Ofrece un análisis interactivo, permitiendo cambiar la perspectiva sin necesidad de reconfigurar fórmulas.
- ➤ Reduce significativamente el tiempo necesario para resumir y analizar información compleja.

2. Gráficos simples: visualización efectiva de datos

Los gráficos en Excel son una herramienta fundamental para convertir datos numéricos en representaciones visuales comprensibles.

Su propósito es destacar patrones y relaciones que podrían no ser evidentes al observar cifras aisladas.

2.1. Tipos de gráficos más comunes

⇨ Gráfico de columnas: Ideal para comparar valores entre diferentes categorías.

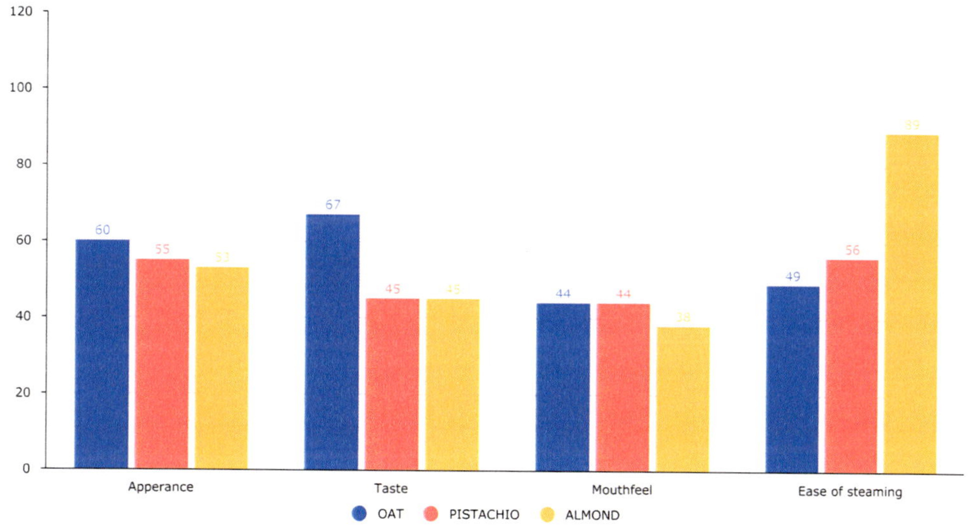

⇨ Gráfico de líneas: Representa tendencias a lo largo del tiempo, útil para análisis temporales.

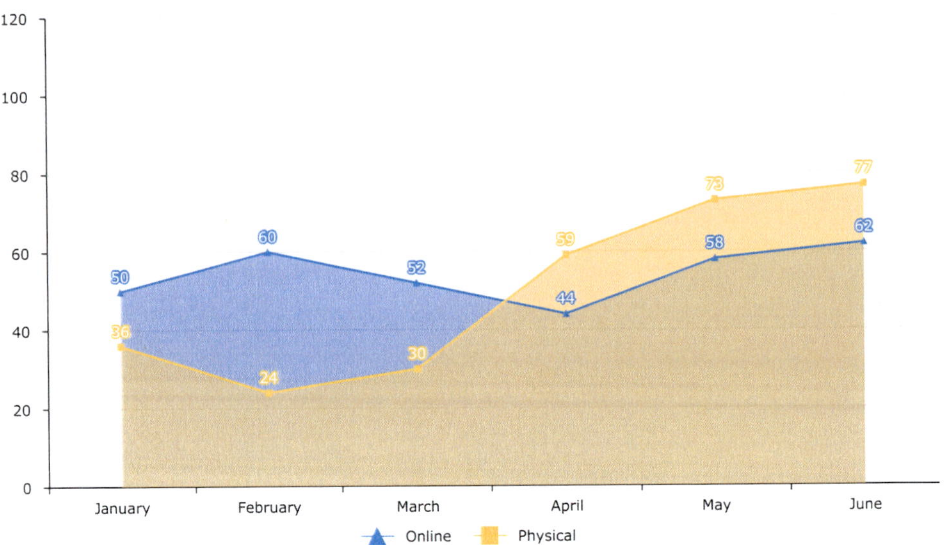

⇨ Gráfico circular: Visualiza proporciones o distribuciones.

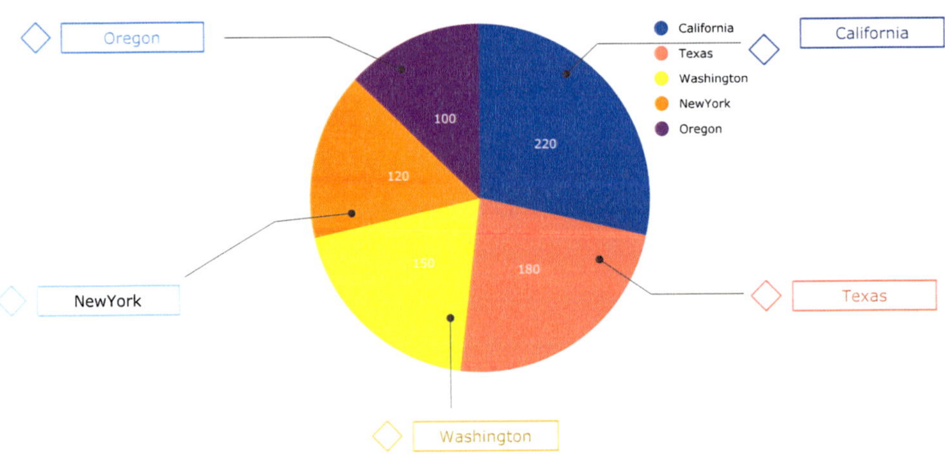

⇨ Gráfico de barras apiladas: Muestra la composición de categorías y su comparación.

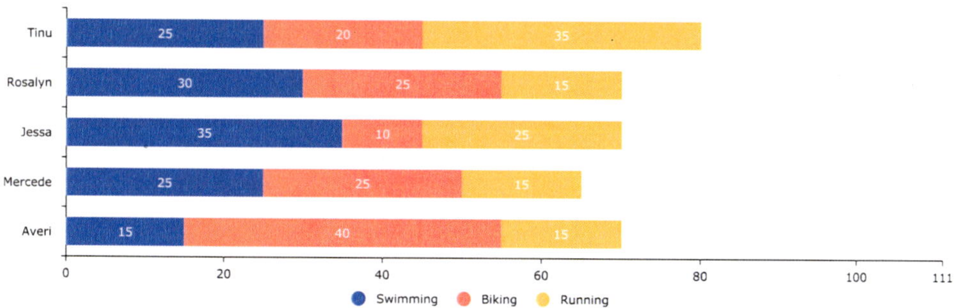

2.2. Creación de gráficos

- Seleccionar los datos relevantes.
- Ir a la pestaña Insertar y elegir el tipo de gráfico deseado.
- Personalizar el diseño, colores, etiquetas y títulos del gráfico.

2.3. Buenas prácticas en gráficos

- Mantener la claridad: Evitar gráficos sobrecargados de información para que el mensaje sea claro y directo.
- Elegir el tipo adecuado: Seleccionar un gráfico que se ajuste a los datos y a la historia que se quiere contar.
- Etiquetas y títulos: Asegurarse de incluir títulos y etiquetas descriptivas para facilitar la comprensión del gráfico.

3. Conexión entre tablas dinámicas y gráficos

Una característica poderosa de Excel es la posibilidad de vincular gráficos con tablas dinámicas. Al hacerlo, cualquier cambio o filtrado en la tabla dinámica se reflejará automáticamente en el gráfico vinculado, creando una experiencia interactiva y dinámica.

Ejemplo práctico:

Supongamos que tienes un conjunto de datos de ventas por producto y región. Una tabla dinámica puede resumir las ventas totales por región, mientras que un gráfico de barras conectado muestra la comparación visual de estas ventas. Si se filtra por un producto específico, el gráfico se actualizará automáticamente para reflejar la información filtrada.

Las tablas dinámicas y los gráficos simples son herramientas imprescindibles en Microsoft Excel para analizar y presentar datos. Combinan funcionalidad y accesibilidad, permitiendo a los usuarios obtener insights rápidos y comunicar resultados de manera efectiva. Dominar estas herramientas proporciona una ventaja significativa en cualquier entorno que requiera análisis de datos.

3.3. Google Sheets: colaboración y análisis práctico

3.3.1. Trabajo en equipo en tiempo real.

Google Sheets se destaca por su capacidad de facilitar el trabajo colaborativo en tiempo real, una característica que lo diferencia significativamente de herramientas más tradicionales como Microsoft Excel. Esta funcionalidad lo convierte en una opción ideal para equipos que necesitan trabajar de manera conjunta y simultánea en proyectos de análisis de datos.

1. Colaboración simultánea

   Una de las características más poderosas de Google Sheets es la posibilidad de que múltiples usuarios accedan y editen un mismo documento al mismo tiempo. Cada usuario puede ver los cambios realizados por otros en tiempo real, lo que elimina la necesidad de enviar múltiples versiones del archivo por correo electrónico.

   ⇨ Ejemplo práctico: En un equipo de marketing, varios miembros pueden actualizar métricas de rendimiento de campañas mientras otros analizan los datos en paralelo.

2. Control de acceso

   Google Sheets permite configurar permisos de acceso detallados para garantizar la seguridad y el control de la información compartida. Estos permisos pueden personalizarse para otorgar:

- ⇨ Acceso de edición: Permitir que los colaboradores modifiquen el contenido del archivo.
- ⇨ Acceso de solo lectura: Restringir las modificaciones, permitiendo solo la visualización del archivo.
- ⇨ Comentarios: Habilitar que los usuarios añadan observaciones sin alterar los datos.

3. Historial de cambios

Otra ventaja de Google Sheets es su capacidad para registrar automáticamente el historial de cambios. Esto significa que los usuarios pueden:

- ⇨ Revisar quién realizó qué modificaciones y cuándo.
- ⇨ Restaurar versiones anteriores del archivo si se comete un error.
  - ➤ Esta funcionalidad no solo es útil para mantener un seguimiento del trabajo, sino que también minimiza riesgos asociados con la pérdida o modificación accidental de datos importantes.

4. Chat y comentarios integrados

Google Sheets incluye herramientas de comunicación que mejoran la colaboración:

- ⇨ Chat en tiempo real: Permite que los colaboradores discutan cambios directamente desde la interfaz del archivo.
- ⇨ Comentarios: Los usuarios pueden agregar notas específicas a celdas o rangos de datos, lo que facilita la resolución de dudas o la asignación de tareas relacionadas con el análisis.
  - ➤ Ejemplo práctico: Un analista puede dejar un comentario en una celda indicando que se revise un dato sospechoso, y otro colaborador puede responder directamente al comentario para confirmar la corrección.

5. Integración con Google Drive

   Al estar alojado en la nube, Google Sheets se guarda automáticamente en Google Drive, lo que garantiza que el archivo esté siempre actualizado y accesible desde cualquier dispositivo con conexión a internet. Esta integración también permite compartir documentos con facilidad a través de enlaces, sin necesidad de enviar archivos adjuntos.

La colaboración en tiempo real es el corazón de Google Sheets, brindando a los equipos una plataforma flexible y eficiente para trabajar juntos sin importar su ubicación. Su capacidad para combinar edición simultánea, control de acceso, historial de cambios y comunicación integrada lo convierte en una herramienta indispensable en proyectos que requieren análisis colaborativo.

3.3.2. Funciones comparables a Excel e integración con Google.

Google Sheets ofrece un conjunto de funciones que, aunque en muchos casos son similares a las de Microsoft Excel, se complementan con características únicas que lo integran perfectamente en el ecosistema de Google. Esto lo convierte en una herramienta versátil tanto para tareas básicas como para análisis más avanzados, especialmente cuando se requiere colaboración y conectividad con otras aplicaciones.

1. Funciones comparables a Excel

   Google Sheets incluye la mayoría de las funciones más utilizadas en Excel, adaptadas para su uso en un entorno en línea. Algunas de estas son:

   - ⇨ SUM (SUMA): Igual que en Excel, permite calcular la suma de un rango de celdas.
     - ➤ Ejemplo: =SUM(A1:A10) suma los valores del rango A1:A10.
   - ⇨ AVERAGE (PROMEDIO): Calcula la media aritmética de un conjunto de datos.
     - ➤ Ejemplo: =AVERAGE(B1:B10) obtiene el promedio de los valores en el rango B1:B10.
   - ⇨ IF (SI): Evalúa una condición y devuelve un valor en función del resultado.

- Ejemplo: =IF(A1>100, "Supera", "No supera") devuelve "Supera" si el valor en A1 es mayor a 100.

⇨ VLOOKUP (BUSCARV): Busca un valor en una tabla y devuelve información asociada.

- Ejemplo: =VLOOKUP(123, A2:D10, 2, FALSE) busca el valor 123 en la primera columna del rango y devuelve el valor correspondiente de la segunda columna.

⇨ ARRAYFORMULA: Una función exclusiva de Google Sheets que permite aplicar fórmulas a múltiples filas o columnas sin necesidad de copiar y pegar.

- Ejemplo: =ARRAYFORMULA(A1:A10 + B1:B10) suma los valores de dos columnas completas.

2. Funciones avanzadas y complementos

Además de las funciones básicas, Google Sheets incluye características que lo diferencian de Excel en ciertos contextos:

⇨ IMPORTDATA e IMPORTRANGE: Permiten importar datos desde fuentes externas, como archivos en la web o documentos de Google Sheets vinculados.

- Ejemplo: =IMPORTRANGE("URL del archivo", "Hoja1!A1:C10") extrae datos de otra hoja de cálculo en Google Drive.

⇨ GOOGLEFINANCE: Una función única que extrae datos financieros en tiempo real, como precios de acciones o tasas de cambio.

- Ejemplo: =GOOGLEFINANCE("AAPL", "price") muestra el precio actual de las acciones de Apple.

⇨ Complementos y scripts: Google Sheets admite complementos y scripts personalizados a través de Google Apps Script, lo que amplía sus capacidades, desde automatización de tareas hasta integraciones avanzadas con otras plataformas.

3. Integración con el ecosistema de Google

   Google Sheets se conecta de forma fluida con otras herramientas del ecosistema de Google, ofreciendo un entorno integrado que optimiza la gestión y análisis de datos:

   ⇨ Google Forms: Las respuestas de formularios se almacenan automáticamente en Google Sheets, lo que facilita el análisis inmediato de encuestas, registros o cuestionarios.

   ⇨ Google Drive: Todos los documentos se almacenan automáticamente en la nube, garantizando la accesibilidad desde cualquier dispositivo.

   ⇨ Google Data Studio: Google Sheets puede actuar como fuente de datos para crear dashboards visuales en Google Data Studio, lo que permite la presentación profesional de resultados.

   ⇨ Google Apps Script: Este entorno de desarrollo permite crear automatizaciones y flujos de trabajo personalizados que conectan Sheets con otras herramientas, como Gmail, Calendar o Google Analytics.

4. Ventajas específicas de la integración

   La capacidad de Google Sheets para interactuar con múltiples aplicaciones lo convierte en una solución poderosa para proyectos que requieren conectividad entre herramientas. Por ejemplo:

   ⇨ Análisis en tiempo real: Conectar Sheets con Google Analytics permite visualizar métricas web actualizadas directamente en una hoja de cálculo.

   ⇨ Gestión de proyectos: Al integrarse con Google Calendar, es posible organizar tareas y plazos en un calendario interactivo.

   ⇨ Colaboración ampliada: Vincular documentos de Google Docs con hojas de cálculo permite coordinar equipos de forma más efectiva, centralizando datos y textos en un solo espacio.

Google Sheets no solo replica muchas de las funciones más importantes de Excel, sino que las complementa con características únicas y una integración profunda con el ecosistema de Google. Esto lo convierte en una herramienta versátil y colaborativa, ideal para proyectos que requieren conectividad, análisis en línea y automatización de procesos.

3.4. Google Data Studio: visualización avanzada

3.4.1. Conexión de datos y creación de dashboards.

Google Data Studio permite integrar información desde una amplia variedad de fuentes, facilitando el análisis centralizado de datos dispersos. Estas conexiones eliminan la necesidad de consolidar datos manualmente, ahorrando tiempo y reduciendo errores.

Fuentes de datos compatibles

- Herramientas de Google: Google Sheets, Google Analytics, Google Ads y Google BigQuery, entre otras.
- Bases de datos externas: SQL, PostgreSQL, MySQL.
- Plataformas externas: Facebook Ads, YouTube Analytics, y otras mediante conectores personalizados.

Ejemplo práctico:

Un equipo de marketing puede conectar Google Ads y Google Analytics para analizar el rendimiento de sus campañas en tiempo real, combinando métricas de clics, impresiones y conversiones en un único dashboard.

1. Proceso para conectar datos:
   - ⇨ Iniciar sesión en Google Data Studio.
   - ⇨ Seleccionar la opción Crear fuente de datos.
   - ⇨ Elegir la fuente deseada e ingresar las credenciales necesarias.
   - ⇨ Configurar los parámetros de importación, como el rango de fechas y los campos específicos que se deseen incluir.

2. Creación de dashboards

Una vez conectadas las fuentes de datos, Google Data Studio ofrece herramientas intuitivas para diseñar dashboards que resuman y presenten la información de manera visual.

Pasos básicos para crear un dashboard:

⇨ Seleccionar la opción Crear informe en el menú principal.

⇨ Agregar componentes visuales, como gráficos, tablas o mapas, arrastrándolos desde la barra de herramientas.

⇨ Configurar cada componente seleccionando las métricas y dimensiones a representar.

  ➤ Métricas: Datos numéricos, como ventas totales o visitas al sitio web.

  ➤ Dimensiones: Categorías o agrupaciones, como región o tipo de cliente.

⇨ Ajustar el diseño: cambiar colores, fuentes y tamaños para mejorar la presentación.

Tipos de visualizaciones comunes:

⇨ Gráficos de barras y líneas: Ideales para comparar métricas o analizar tendencias en el tiempo.

⇨ Mapas geográficos: Útiles para representar datos basados en ubicaciones.

⇨ Tablas dinámicas: Muestran datos detallados con opciones para ordenarlos o filtrarlos directamente en el dashboard.

Interactividad en los dashboards

Google Data Studio permite agregar elementos interactivos que mejoran la experiencia del usuario:

⇨ Filtros dinámicos: Permiten al usuario seleccionar fechas, categorías o rangos específicos para personalizar la vista del dashboard.

- ⇨ Drill-downs: Facilitan la exploración detallada de los datos al hacer clic en elementos del gráfico.

3. Beneficios de los dashboards en Data Studio

   - ⇨ Acceso en tiempo real: Los dashboards se actualizan automáticamente cuando cambian las fuentes de datos conectadas.
   - ⇨ Centralización de información: Permite combinar datos de múltiples plataformas en un solo informe.
   - ⇨ Compartibilidad: Los informes pueden compartirse mediante enlaces o integrarse en presentaciones y sitios web, manteniendo los permisos de acceso.

La conexión de fuentes de datos y la creación de dashboards en Google Data Studio simplifican el análisis y la visualización de información compleja. Esta herramienta no solo ahorra tiempo, sino que también facilita la toma de decisiones al presentar los datos de manera clara e interactiva.

3.4.2. Personalización de informes interactivos.

Una de las características más destacadas de Google Data Studio es la capacidad de personalizar informes interactivos. Esta funcionalidad permite a los usuarios diseñar visualizaciones atractivas y dinámicas que se adaptan a las necesidades específicas del análisis, asegurando que la información sea clara, relevante y fácil de interpretar.

1. Diseño visual y estilo

   Google Data Studio ofrece múltiples opciones para personalizar el diseño de los informes, haciendo que cada dashboard sea único y funcional.

   Elementos personalizables

   - ⇨ Colores y temas: Es posible aplicar paletas de colores personalizadas para alinear los informes con la identidad visual de una marca o proyecto.
   - ⇨ Fuentes y estilos: Se puede elegir entre diferentes tipografías y tamaños para mejorar la legibilidad de los datos.

- ⇨ Disposición de elementos: Los gráficos, tablas y filtros pueden reorganizarse libremente en la hoja de trabajo, permitiendo una disposición lógica y estética.

Ejemplo práctico: Un informe de ventas puede utilizar colores distintivos para identificar regiones geográficas (por ejemplo, azul para Europa y rojo para América), facilitando la identificación visual de los datos.

2. Componentes interactivos

La interactividad es uno de los aspectos más potentes de Google Data Studio. Los usuarios finales pueden interactuar con el informe para explorar los datos de manera autónoma.

Filtros dinámicos

Los filtros permiten ajustar la visualización de los datos en tiempo real, personalizando el informe según las necesidades del usuario.

- ⇨ Ejemplo: Un dashboard de tráfico web puede incluir filtros para seleccionar un rango de fechas específico o comparar el rendimiento de diferentes dispositivos (móviles, escritorio, tabletas).

Drill-downs

Los componentes interactivos de tipo "drill-down" permiten profundizar en los datos haciendo clic en elementos específicos.

- ⇨ Ejemplo: En un gráfico de barras que muestra ventas por país, al hacer clic en una barra se despliegan los datos de las regiones dentro de ese país.

Tablas interactivas

Las tablas permiten ordenar y filtrar directamente desde la vista del informe, ofreciendo una experiencia flexible y dinámica al usuario.

- ⇨ Ejemplo: Una tabla de clientes puede configurarse para que los usuarios clasifiquen los datos por valor de compra o antigüedad del cliente.

3. Opciones avanzadas de personalización

   Google Data Studio ofrece funcionalidades avanzadas que permiten crear informes altamente personalizados:

   ⇨ Campos calculados: Permiten realizar cálculos dentro de los informes, generando nuevas métricas basadas en los datos existentes.

     ➤ Ejemplo: Crear un campo que calcule la tasa de conversión dividiendo el número de ventas por el número de visitantes.

   ⇨ Gráficos combinados: Es posible combinar diferentes tipos de gráficos, como barras y líneas, en una sola visualización para representar datos relacionados.

     ➤ Ejemplo: Mostrar las ventas mensuales como barras y las visitas web como una línea superpuesta.

   ⇨ Controles de visualización: Los usuarios pueden alternar entre diferentes vistas de los datos, como cambiar de gráficos a tablas o activar mapas interactivos.

4. Exportación y compatibilidad

   Google Data Studio facilita la exportación de informes personalizados en diferentes formatos, lo que permite integrarlos en presentaciones o compartirlos con partes interesadas:

   ⇨ Formato PDF: Ideal para informes estáticos o presentaciones formales.

   ⇨ Enlace compartido: Permite compartir el informe interactivo con usuarios autorizados.

   ⇨ Integración web: Los informes pueden incrustarse en sitios web o plataformas internas para un acceso continuo.

La personalización de informes en Google Data Studio eleva el análisis de datos al convertir información compleja en visualizaciones intuitivas y dinámicas. Estas opciones no solo permiten crear informes atractivos, sino también garantizar que la experiencia del usuario sea interactiva y útil para la toma de decisiones. Con las herramientas de personalización, los informes pueden adaptarse a cualquier contexto, desde reportes empresariales hasta análisis educativos o de investigación.

3.5. Herramientas complementarias y bases de datos

Identificación de otras herramientas útiles (hojas de cálculo, bases de datos).

Aunque Excel y Google Sheets son los líderes del mercado, existen otras herramientas de hojas de cálculo que pueden ser útiles según las circunstancias:

- LibreOffice Calc:
  - ⇨ Una alternativa gratuita y de código abierto a Excel.
  - ⇨ Compatible con archivos en formato Excel (.xls y .xlsx).
  - ⇨ Incluye funciones básicas y algunas avanzadas, aunque con menos integración en entornos colaborativos.
- Zoho Sheet:
  - ⇨ Orientada al trabajo en línea y la colaboración.
  - ⇨ Similar a Google Sheets, con capacidades para trabajar en equipo en tiempo real.
  - ⇨ Incluye integraciones con otras herramientas de Zoho, como su CRM.
- OnlyOffice Spreadsheet:
  - ⇨ Una opción para quienes buscan un entorno similar a Excel pero con capacidades colaborativas en la nube.

1. Herramientas específicas de bases de datos

   Cuando se requiere gestionar grandes volúmenes de información estructurada, las herramientas de bases de datos ofrecen mayor capacidad y funcionalidad que las hojas de cálculo. Entre las más populares se encuentran:

   - ⇨ Microsoft Access:
     - Orientada a pequeñas y medianas bases de datos.
     - Permite crear formularios y consultas personalizadas.

- Ideal para quienes ya están familiarizados con el ecosistema de Microsoft Office.

⇨ Airtable:

- Combina las funcionalidades de una hoja de cálculo con la potencia de una base de datos.
- Permite diseñar bases de datos visuales con plantillas fáciles de usar.
- Popular para la gestión de proyectos y equipos pequeños.

⇨ MySQL y PostgreSQL:

- Herramientas más robustas, diseñadas para manejar bases de datos grandes y complejas.
- Utilizadas principalmente en entornos empresariales o proyectos técnicos avanzados.
- Requieren conocimientos básicos de SQL para realizar consultas y gestionar datos.

⇨ Google Cloud Firestore:

- Ideal para aplicaciones y proyectos que necesitan bases de datos en tiempo real.
- Se integra perfectamente con otras herramientas del ecosistema de Google Cloud.

2. Herramientas para la integración y visualización de datos

En proyectos más avanzados, las herramientas que integran y visualizan datos de múltiples fuentes son esenciales:

⇨ Tableau:

- Una plataforma de visualización avanzada que permite explorar y presentar datos de manera interactiva.
- Compatible con bases de datos grandes como SQL Server y Google BigQuery.

- ⇨ Power BI:
  - ➤ Alternativa de Microsoft para el análisis y la visualización de datos.
  - ➤ Ideal para quienes trabajan en un entorno empresarial con integración en Microsoft 365.
- ⇨ Zapier y Make (antiguo Integromat):
  - ➤ Herramientas de automatización que permiten conectar aplicaciones y transferir datos entre ellas de forma automática.

Las herramientas complementarias ofrecen alternativas valiosas a las hojas de cálculo y bases de datos tradicionales, permitiendo a los usuarios elegir según sus necesidades específicas. Desde opciones gratuitas y accesibles hasta soluciones empresariales avanzadas, estas herramientas amplían las posibilidades para gestionar, analizar y visualizar datos en diversos contextos.

3.5.1. Manejo básico de bases de datos: edición, búsqueda y campos nuevos.

Las bases de datos son una herramienta fundamental para organizar, almacenar y acceder a grandes volúmenes de información de manera estructurada. A diferencia de las hojas de cálculo, que suelen ser utilizadas para análisis más simples, las bases de datos están diseñadas para gestionar información compleja, facilitando su manipulación mediante funciones específicas como edición, búsqueda y creación de campos nuevos.

1. Edición de entradas

   La edición de datos en una base de datos implica la capacidad de modificar información previamente almacenada. Este proceso es esencial para mantener la precisión y actualidad de los datos.

   Aspectos básicos de la edición

   - ⇨ Acceso a registros específicos: En herramientas como Microsoft Access, Airtable o MySQL, los datos suelen estar organizados en tablas. Los registros individuales pueden seleccionarse y modificarse directamente.

- Interfaz de edición:
  - Herramientas visuales como Airtable y Access permiten la edición a través de formularios intuitivos.
  - Bases de datos más avanzadas como MySQL o PostgreSQL requieren el uso de comandos SQL para actualizar registros.

    Ejemplo en SQL:

    ```
    UPDATE empleados
    SET salario = 4000
    WHERE id = 3;
    ```

    Esta consulta actualiza el salario del empleado con ID 3.

Recomendaciones prácticas

- Validación: Asegurarse de que los cambios realizados sean precisos y estén alineados con las reglas de negocio definidas.
- Historial de cambios: Cuando sea posible, registrar los cambios realizados para rastrear modificaciones en los datos.

2. Búsqueda de entradas por parámetros

La búsqueda de información específica es una de las funciones más potentes de las bases de datos, permitiendo extraer rápidamente registros que cumplen con criterios definidos.

Métodos de búsqueda

- Filtros básicos: Herramientas como Access o Airtable permiten aplicar filtros visuales directamente en las tablas para encontrar datos relevantes.
  - Ejemplo: Filtrar todos los clientes de una región específica o con una antigüedad mayor a 5 años.
- Consultas avanzadas: En sistemas basados en SQL, las búsquedas se realizan mediante comandos SELECT.

Ejemplo práctico en SQL:

```
SELECT nombre, correo
FROM clientes
WHERE region = 'Europa' AND compras > 5;
```

Esta consulta devuelve los nombres y correos de clientes europeos con más de 5 compras.

Beneficios de las búsquedas parametrizadas

- ⇨ Ahorro de tiempo al acceder solo a la información relevante.
- ⇨ Capacidad de realizar análisis detallados y específicos.
- ⇨ Identificación de tendencias o patrones dentro de grandes volúmenes de datos.

3. Creación de nuevos campos

A medida que evolucionan las necesidades de una organización o proyecto, puede ser necesario añadir nuevos campos a la base de datos para capturar información adicional.

Pasos para crear campos

- ⇨ En bases de datos visuales: Herramientas como Airtable o Access permiten añadir columnas nuevas con un simple clic, asignándoles un tipo de datos (texto, número, fecha, etc.).
- ⇨ En bases de datos SQL: Se utiliza el comando ALTER TABLE para añadir nuevos campos.

  Ejemplo práctico en SQL:

  ```
  ALTER TABLE empleados ADD columna_nueva VARCHAR(50);
  ```

  Este comando añade una nueva columna llamada "columna_nueva" que almacenará texto de hasta 50 caracteres.

Consideraciones al crear campos

- ⇨ Tipo de datos: Elegir el formato adecuado (texto, numérico, booleano, etc.) para evitar errores de validación.

- ⇨ Consistencia: Asegurarse de que el nuevo campo sea coherente con la estructura y propósito de la tabla.
- ⇨ Impacto en consultas existentes: Verificar que las consultas previas no se vean afectadas por la adición del nuevo campo.

El manejo básico de bases de datos, incluyendo la edición de entradas, la búsqueda parametrizada y la creación de nuevos campos, es esencial para mantener la integridad y utilidad de la información almacenada.

Estas habilidades permiten a los usuarios gestionar datos de manera eficiente, asegurando que la base de datos continúe siendo una herramienta confiable para el análisis y la toma de decisiones.

4. VISUALIZACIÓN DE DATOS

La visualización de datos es una herramienta esencial para comunicar información de manera comprensible y atractiva. Más allá de presentar números o tablas, el objetivo principal es convertir los datos en historias visuales que resalten patrones, tendencias o insights relevantes. Este proceso requiere no solo el dominio de herramientas de software, sino también un enfoque crítico en el diseño y la claridad del mensaje.

4.1. Elementos clave para gráficos claros y efectivos

1. Selección del tipo de gráfico adecuado

   Cada conjunto de datos tiene un tipo de representación gráfica más apropiada para destacar su información. Por ejemplo:

   - ⇨ Gráficos de barras: Comparaciones entre categorías.
   - ⇨ Gráficos de líneas: Mostrar tendencias a lo largo del tiempo.
   - ⇨ Gráficos de pastel (o circular): Representar proporciones relativas.
   - ⇨ Diagramas de dispersión: Analizar relaciones entre dos variables.
   - ⇨ Gráficos de área: Representar acumulaciones de datos a lo largo del tiempo.

2. Simplicidad y claridad

   ⇨ Evitar el exceso de elementos decorativos que distraigan al lector, como colores llamativos o líneas innecesarias.

   ⇨ Usar títulos descriptivos que indiquen de inmediato qué representa el gráfico.

   ⇨ Etiquetar claramente los ejes, las series de datos y las leyendas.

3. Uso adecuado de colores

   ⇨ Elegir paletas de colores que sean accesibles para personas con daltonismo (por ejemplo, evitar combinaciones de rojo y verde).

   ⇨ Usar colores consistentes para categorías relacionadas.

4. Contexto y anotaciones

   ⇨ Agregar líneas de tendencia o puntos destacados para señalar información relevante.

   ⇨ Incluir notas o explicaciones breves si algún aspecto del gráfico puede ser malinterpretado.

5. Herramientas para crear gráficos

   Los estudiantes deben familiarizarse con herramientas accesibles como:

   ⇨ Microsoft Excel o Google Sheets: Ideal para gráficos básicos.

   ⇨ Tableau o Google Data Studio: Para visualizaciones más avanzadas y dinámicas.

   ⇨ Canva o PowerPoint: Para gráficos más estilizados destinados a presentaciones.

5. Actividades prácticas

5.1. Ejercicio 1: Búsqueda, selección y filtrado de información

Escenario: Eres un estudiante que está preparando un informe sobre el impacto de la urbanización en la calidad del aire en ciudades europeas.

1. Búsqueda:

   - Realiza una búsqueda en Google Scholar y Google general utilizando las siguientes palabras clave:

     - impacto de la urbanización en calidad del aire Europa

     - "urbanization" AND "air quality" AND Europe site:edu.

   - Usa operadores booleanos para incluir o excluir términos según sea necesario.

2. Selección y filtrado:

   - Limita los resultados a los publicados entre 2018 y 2023.

   - Prioriza artículos académicos revisados por pares y reportes de organismos internacionales como la OMS o la Agencia Europea de Medio Ambiente.

3. Evaluación de fuentes:

   - Selecciona tres fuentes utilizando los criterios de fiabilidad, actualidad y relevancia.

   - Completa la tabla de evaluación:

Criterio	Fuente 1	Fuente 2	Fuente 3
Autoría			
Publicación			
Actualización			
Pertinencia			

Conclusión esperada: Presenta un resumen justificando por qué seleccionaste estas fuentes.

5.2. Ejercicio 2: Organización y gestión de datos

Escenario: Has recopilado datos sobre emisiones de CO□ y población urbana en cinco ciudades europeas para evaluar si existe una correlación entre ambas variables.

Conjunto de datos proporcionado:

Ciudad	Población Urbana (millones)	Emisiones de CO□ (toneladas per cápita)
Londres	8.98	4.2
París	11.02	5.1
Berlín	3.75	3.7
Madrid	6.64	4.8
Roma	4.23	3.9

1. Organización:
   - ⇨ Importa estos datos a Microsoft Excel o Google Sheets.
   - ⇨ Organiza la información en una tabla estructurada con etiquetas claras.
2. Preparación de datos:
   - ⇨ Crea una nueva columna que calcule las emisiones totales (multiplicando la población por las emisiones per cápita).

Conclusión esperada: Presenta la tabla final organizada con los cálculos correctos.

5.3. Ejercicio 3: Visualización de datos

Escenario: Basándote en el conjunto de datos del ejercicio anterior, crea gráficos que permitan analizar la información de manera efectiva.

1. Gráfico de barras:
   - ⇨ Representa las emisiones totales de CO_2 por ciudad.

2. Gráfico de dispersión:

   ⇨ Analiza la relación entre población urbana y emisiones per cápita.

3. Anotaciones:

   ⇨ Resalta en el gráfico de barras la ciudad con las mayores y menores emisiones totales.

   ⇨ En el gráfico de dispersión, agrega una línea de tendencia y describe si existe correlación.

Conclusión esperada: Describe en un breve informe las tendencias observadas y cómo estos datos podrían informar decisiones sobre políticas urbanas y medioambientales.

5.4. Ejercicio 4: Integración y comunicación

Escenario: Después de analizar los datos, debes presentar tus hallazgos en un informe visual y narrativo que combine todos los puntos anteriores.

1. Estructura del informe:

   ⇨ Introducción: Breve descripción del propósito del análisis y la metodología utilizada para seleccionar fuentes y datos.

   ⇨ Análisis de la información: Explica cómo seleccionaste las fuentes y los datos relevantes, y evalúa su fiabilidad, actualidad y relevancia.

   ⇨ Resultados: Presenta los gráficos creados e interpreta los patrones identificados.

   ⇨ Conclusiones: Propón al menos dos acciones que podrían tomarse con base en los datos.

2. Formato del informe:

   ⇨ Incluye los gráficos generados.

   ⇨ Utiliza viñetas o diagramas para destacar puntos clave.

   ⇨ Asegúrate de que la presentación sea clara, profesional y fácil de seguir.

6. Soluciones a los Actividades Prácticas

6.1. Ejercicio 1: Búsqueda, selección y filtrado de información

1. Búsqueda inicial:

   ⇨ Palabras clave utilizadas:

   - impacto de la urbanización en calidad del aire Europa
   - "urbanization" AND "air quality" AND Europe site:edu.

   Ejemplo de resultados obtenidos:

   ⇨ Artículo: "Urbanization and Air Quality in Europe: A Review" publicado en Environmental Research(2020).

   ⇨ Informe: "European Environment Agency Report on Urban Air Quality" (2019).

   ⇨ Página web: Datos sobre la contaminación en ciudades europeas en un blog ambientalista.

2. Evaluación de fuentes:

Tabla completada: Criterio	Fuente 1: Artículo en Environmental Research	Fuente 2: Informe de la Agencia Europea	Fuente 3: Blog ambientalista
Autoría	Equipo de investigadores especializados	Publicado por la Agencia Europea	Autor anónimo
Publicación	Revista revisada por pares	Organización oficial	Blog no reconocido
Actualización	2020	2019	Fecha no especificada
Pertinencia	Directamente relacionado	Directamente relacionado	Información general y no técnica

3. Conclusión: Se seleccionan las fuentes 1 y 2 por su fiabilidad y actualidad. La fuente 3 se descarta debido a la falta de respaldo técnico y autoría poco clara.

6.2. Ejercicio 2: Organización y gestión de datos

1. Tabla organizada con los cálculos realizados:

Ciudad	Población Urbana (millones)	Emisiones de CO2 (toneladas per cápita)	Emisiones totales (millones de toneladas)
Londres	8.98	4.2	37.72
París	11.02	5.1	56.20
Berlín	3.75	3.7	13.88
Madrid	6.64	4.8	31.87
Roma	4.23	3.9	16.50

6.3. Ejercicio 3: Visualización de datos

1. Gráfico de barras: Representación de las emisiones totales por ciudad:

   ⇨ Londres: 37.72

   ⇨ París: 56.20

   ⇨ Berlín: 13.88

   ⇨ Madrid: 31.87

   ⇨ Roma: 16.50

   Anotaciones:

   ⇨ París tiene las mayores emisiones totales (56.20 millones de toneladas).

   ⇨ Berlín tiene las menores emisiones totales (13.88 millones de toneladas).

2. Gráfico de dispersión: Relación entre la población urbana y las emisiones per cápita:

   ⇨ Línea de tendencia: Correlación positiva moderada.

   ⇨ Interpretación: A mayor población urbana, las emisiones per cápita tienden a aumentar, aunque no de forma estrictamente proporcional.

Conclusión: París y Londres, con las poblaciones más grandes, generan las mayores emisiones totales, lo que indica la necesidad de políticas específicas para mitigar su impacto ambiental.

6.4. Ejercicio 4: Integración y comunicación

1. Estructura del informe:

Introducción: El análisis se centra en la relación entre urbanización y emisiones de CO2 en cinco ciudades europeas, utilizando datos organizados y herramientas gráficas para extraer conclusiones relevantes.

Análisis de la información:

- ⇨ Se seleccionaron fuentes confiables, incluyendo artículos académicos y reportes de organismos internacionales, evaluados por criterios de autoría, actualidad y pertinencia.
- ⇨ Los datos se organizaron en tablas y gráficos para una interpretación clara.

Resultados:

- ⇨ Gráfico de barras: París y Londres presentan las mayores emisiones totales debido a sus altas poblaciones.
- ⇨ Gráfico de dispersión: Existe una relación moderada entre el tamaño de la población urbana y las emisiones per cápita.

Conclusiones:

- ⇨ Las ciudades con mayor población necesitan políticas específicas de mitigación.
- ⇨ La gestión eficiente de las emisiones debe centrarse en las grandes urbes, donde el impacto es más significativo.

Formato del informe: Incluye gráficos claros con títulos descriptivos y etiquetas bien definidas, acompañado de anotaciones que resaltan los hallazgos principales.

Evaluación del aprendizaje

- ¿Fueron los gráficos efectivos?
  - Sí, los gráficos permitieron identificar patrones clave como la relación entre la población y las emisiones totales, facilitando la comunicación de los datos.
- ¿Las fuentes seleccionadas fueron adecuadas?
  - Las fuentes cumplían con los criterios de fiabilidad, actualidad y relevancia, lo que garantizó un análisis basado en datos sólidos y verificables.
- Aplicación futura:
  - Los estudiantes pueden aplicar estas habilidades para analizar datos en otros campos, como el impacto de la economía en el medio ambiente o el rendimiento académico en diferentes regiones.

Resumen

En un mundo donde los datos son cada vez más abundantes y esenciales, las herramientas digitales se presentan como aliados indispensables para organizarlos, analizarlos y representarlos de manera efectiva.

Las hojas de cálculo, como Microsoft Excel y Google Sheets, no solo son accesibles para la mayoría de los usuarios, sino que también incluyen funcionalidades que, aunque sencillas, pueden marcar una gran diferencia en la productividad y comprensión de la información. La capacidad de filtrar, transformar y visualizar datos permite que cualquier usuario, independientemente de su nivel técnico, pueda aprovechar al máximo la información que maneja diariamente.

Análisis de datos

El análisis de datos es el primer paso para convertir números y registros en información útil. En esta sección se introducen conceptos fundamentales, como la diferencia entre datos cualitativos y cuantitativos. Los primeros describen características no numéricas, como opiniones o categorías, mientras que los segundos son valores numéricos que se pueden medir o contar.

Para facilitar este análisis, herramientas como Excel y Google Sheets ofrecen funcionalidades básicas que incluyen:

- Filtros: Permiten enfocar la atención en datos específicos, excluyendo temporalmente aquellos irrelevantes.
- Funciones básicas: Operaciones como SUMA, PROMEDIO, MÍNIMO, MÁXIMO o CONTAR ayudan a obtener información clave rápidamente.
- Tablas dinámicas: Una de las herramientas más potentes para reorganizar, agrupar y resumir grandes conjuntos de datos en segundos, revelando patrones o tendencias.

Estas funcionalidades no solo simplifican el trabajo con datos complejos, sino que también ahorran tiempo, al ofrecer resultados inmediatos con pocos clics.

Explotación de datos

Una vez analizados, los datos deben ser explotados, es decir, transformados para que puedan aplicarse a un contexto específico. La explotación incluye:

1. Transformación: Las funciones como CONCATENAR, BUSCARV o SI permiten vincular información de diferentes fuentes, procesar datos y realizar cálculos condicionales. Por ejemplo, CONCATENAR puede unir nombres y apellidos en una sola celda, mientras que BUSCARV ayuda a encontrar valores específicos dentro de tablas grandes.

2. Ordenación y limpieza: Los datos desordenados o duplicados dificultan su análisis. Por ello, herramientas como la eliminación de duplicados en Excel o el uso de funciones de ordenación son clave para trabajar con datos limpios y organizados.

3. Automatización sencilla: Excel y Google Sheets permiten automatizar procesos repetitivos. Mientras que Excel utiliza macros programadas en VBA, Google Sheets ofrece automatización mediante App Scripts, una solución basada en JavaScript.

La explotación de datos asegura que la información sea más accesible y esté lista para usarse en diversos contextos, desde reportes empresariales hasta tareas académicas.

Visualización de datos

La visualización de datos es una etapa fundamental, ya que convierte la información en gráficos y diagramas comprensibles que facilitan la toma de decisiones. Un gráfico bien diseñado puede comunicar relaciones, patrones o tendencias de manera más clara y efectiva que cualquier tabla.

1. Tipos comunes de visualización:

   ⇨ Gráficos de barras: Comparan categorías o valores de manera sencilla y visual.

   ⇨ Gráficos de líneas: Representan tendencias a lo largo del tiempo, como el crecimiento de ventas.

   ⇨ Gráficos circulares: Muestran proporciones o partes de un todo, ideales para análisis de presupuestos o encuestas.

2. Herramientas y aplicaciones:

   ⇨ Tanto Excel como Google Sheets ofrecen opciones para crear gráficos personalizados.

   ⇨ Diagramas dinámicos y gráficos interactivos permiten a los usuarios explorar la información desde diferentes perspectivas, aumentando su comprensión y utilidad.

Visualizar los datos no solo ayuda a entenderlos mejor, sino que también facilita su comunicación a audiencias más amplias, como equipos de trabajo, clientes o directivos.

GLOSARIO

Antivirus

Software diseñado para proteger sistemas informáticos contra amenazas como virus, malware y ransomware.

Análisis de datos

Proceso de examinar y transformar datos para identificar patrones, tendencias y relaciones que faciliten la toma de decisiones.

App Scripts

Herramienta de automatización en Google Sheets basada en JavaScript.

Automatización

Uso de herramientas o funciones para realizar tareas de forma automática, ahorrando tiempo y esfuerzo.

BUSCARV

Función que busca un valor específico dentro de una tabla y devuelve un dato asociado.

Bases de datos

Sistemas diseñados para almacenar y gestionar grandes volúmenes de información estructurada.

CONCATENAR

Función que une texto de diferentes celdas en una sola celda.

Carpetas

Sistema jerárquico de organización digital que estructura información en categorías y subcategorías.

Ciclo de gestión de datos

Etapas que incluyen la recopilación, almacenamiento, organización, procesamiento y uso práctico de datos.

Cifrado

Método de seguridad que convierte la información en un formato ilegible para protegerla contra accesos no autorizados.

Copias de seguridad (backups)

Duplicados de datos almacenados en ubicaciones seguras para prevenir pérdidas.

Dashboard

Conjunto de visualizaciones gráficas que resumen datos clave en un solo informe interactivo.

Datos cualitativos

Información no numérica, como descripciones, opiniones o categorías.

Datos cuantitativos

Información numérica que puede medirse o contarse, como cantidades o porcentajes.

Datos

Elementos brutos, como números o palabras, que aún no han sido procesados ni organizados.

Drill-down

Función que permite explorar datos más detallados al interactuar con gráficos.

Etiquetas

Palabras clave que permiten clasificar y agrupar información de manera flexible en herramientas digitales.

Filtro dinámico

Herramienta que ajusta la visualización de datos en tiempo real según criterios seleccionados.

Filtros

Función que permite seleccionar y mostrar únicamente los datos relevantes, ocultando temporalmente los demás.

Google Data Studio

Herramienta de Google para la creación de informes visuales e interactivos.

Google Sheets

Herramienta de hojas de cálculo basada en la nube que permite colaboración en tiempo real.

Google Workspace

Conjunto de herramientas digitales ofrecidas por Google para trabajo colaborativo y gestión de información.

Gráfico circular

Representación de proporciones o porcentajes de un todo mediante un círculo dividido en secciones.

Gráfico de barras

Visualización que compara valores entre diferentes categorías mediante barras horizontales o verticales.

Gráfico de líneas

Representación que muestra tendencias a lo largo del tiempo mediante una línea continua.

Gráfico dinámico

Representación interactiva que permite al usuario explorar los datos desde diferentes perspectivas.

Hojas de cálculo

Programas que permiten organizar, analizar y calcular datos en formato tabular.

IMPORTRANGE

Función exclusiva de Google Sheets que permite importar datos de otra hoja de cálculo.

Información

Datos procesados y organizados que adquieren significado para un contexto específico.

Limpieza de datos

Proceso de eliminar duplicados, errores o inconsistencias en un conjunto de datos.

Macros

Secuencias automatizadas de comandos en Excel para realizar tareas repetitivas de manera eficiente.

Microsoft Excel

Herramienta avanzada de hojas de cálculo que permite realizar análisis complejos y automatización de tareas mediante macros.

OneNote

Herramienta digital de Microsoft para tomar notas jerárquicas y organizarlas en libretas.

PDF

Formato de archivo portátil que conserva el diseño y el formato del documento original, ideal para evitar modificaciones.

Phishing

Técnica fraudulenta en la que se engaña a los usuarios para que revelen información confidencial.

Power Pivot

Herramienta avanzada de análisis de datos en Microsoft Excel para manejar grandes volúmenes de información.

QUERY

Función en Google Sheets que permite realizar consultas avanzadas sobre datos tabulares.

SI

Función condicional que devuelve resultados diferentes según una condición especificada.

SQL (Structured Query Language)

Lenguaje utilizado para gestionar y consultar bases de datos.

Tablas dinámicas

Herramienta de Excel y Google Sheets que permite reorganizar, agrupar y resumir grandes volúmenes de datos de manera interactiva.

Transformación de datos

Proceso de modificar o combinar datos para hacerlos más útiles y aplicables a un contexto.

VLOOKUP

Función en hojas de cálculo que busca un valor en una tabla y devuelve un dato relacionado.

VPN (Red Privada Virtual)

Tecnología que cifra las conexiones a internet, protegiendo la información al usar redes públicas.

Visualización de datos

Representación gráfica de datos mediante gráficos, diagramas o tablas para facilitar su comprensión y comunicación.

Zotero

Herramienta digital para gestionar y organizar referencias bibliográficas.

ICB
EDITORES